Allen N.
Mendler

Uninteressierte Schüler motivieren

WIE GEHT DAS?

Verlag an der Ruhr

IMPRESSUM

Titel:
Uninteressierte Schüler motivieren – Wie geht das?

Titel der amerikanischen Originalausgabe:
Motivating Students Who Don't Care – Successful Techniques for Educators
© 2000 by National Educational Service
304 West Kirkwood Avenue, Suite 2 Bloomington, Indiana 47404-5132

Autor: Allen N. Mendler

Übersetzung: Miriam Pitzschler

Illustrationen: Magnus Siemens

Druck: Druckerei Uwe Nolte, Iserlohn

 **Verlag an der Ruhr**
Postfach 10 22 51, D–45422 Mülheim an der Ruhr
Alexanderstraße 54, D–45472 Mülheim an der Ruhr
Tel. 02 08–439 54 50, Fax 02 08–439 54 39
E-Mail: info@verlagruhr.de – **www.verlagruhr.de**

© der deutschsprachigen Ausgabe:
Verlag an der Ruhr 2003
ISBN 3-86072-777-X

geeignet für **alle Schulstufen**

Die Schreibweise der Texte folgt der reformierten Rechtschreibung.

Gedruckt auf chlorfrei gebleichtes Papier.

INHALT

▸▸ Widmung

Meiner Tochter Lisa, deren Herzlichkeit, Wachsamkeit und Lebensfreude
mich bei meiner Arbeit angeregt haben und mich dazu motivieren,
die Schule für jeden Schüler zu einem Ort des Erfolges zu machen.
Meinem klugen und sensiblen Sohn Brian, dessen erstaunliches
Durchhaltevermögen Beweis dafür ist, dass Konflikte innerhalb
und außerhalb der Schule bewältigt werden können,
wenn Erwachsene an einen glauben.
Meiner Schwiegertochter Ticia, die gezeigt hat, dass Engagement und
Ausgeglichenheit alles möglich machen können.
Meinem Sohn Jason, dessen innere Festigkeit, Motivation und Freude am Lernen
mich daran erinnern, dass Pädagogen nur dann positiven Einfluss
auf ihre Schüler ausüben, wenn sie ihr Fach mit Freude unterrichten.

▸▸ Danksagung

Ich möchte all den Pädagogen danken, die meine Arbeit unterstützen
und mich an ihrer Teil haben lassen. Sie motivieren mich mit ihren
Fragen und Anregungen immer aufs Neue dazu, praktische Ideen zu erarbeiten,
umzusetzen und zu vermitteln, die den Schülern letztlich
das Lernen erleichtern sollen.
Ein besonderer Dank gilt *Rick Curwin*, meinem Partner, besten Freund
und regelmäßigen Co-Autor, der einige Ideen, die aus unserem gemeinsamen Buch
Discipline with Dignity for Challenging Youth (Mendler & Curwin, 1999) stammen,
zu diesem Band beigetragen hat.
Außerdem möchte ich folgenden Personen danken, die mir immer wieder
bei meiner Arbeit zur Seite stehen:

Tammy Rowland, Program & Office Manager (Discipline Associates)
Phil Harris (Association for Educational Communications and Technology)
Jeff Jones (National Education Service)
Frank Koontz (Bureau of Education and Service)
Nancy Modrak (Association for Supervision and Curriculum Development)
Mary Ann Beiter (Learning Institute)
Larry Bendtro (Reclaiming Youth International)
Leah Jerabek (Milwaukee Public Schools)
Laura McCullough (Kentucky Department of Education)
Dave and Colleen Zawadzki (Syracuse City Schools)
Elizabeth Oster (Rochester City Schools)

Und zu guter Letzt – wie immer – ein ganz besonderer Dank
an meine Frau Barbara für ihre Liebe und Nähe.

Nur Frust in der Schule?

Noch nie schienen Schüler so unmotiviert und lustlos zu sein. Noch
nie schien es im Gegenzug so viele ausgebrannte und frustrierte Lehrer
gegeben zu haben. Viele Lehrer beklagen sich über den mangelnden
Einsatz und Lerneifer ihrer Schüler, über Störenfriede und Nörgler im
Unterricht und über Kinder und Jugendliche, die ihre Unterrichtszeit
bestenfalls einfach nur absitzen.

Lehrer bemängeln, dass Schüler zwar durchaus Lernerfolge erwarten,
aber nicht bereit sind, tatsächlich auch etwas dafür zu tun. Diese
Lernhaltung schließt nicht nur sie selbst vor Lernerfolgen aus, sondern
wirkt sich negativ auf die gesamte Klasse oder Lerngruppe aus –
Disziplinprobleme sind häufig die Folge. Wo statt Wissbegierde und
Engagement nur gelangweiltes Abhängen angesagt ist, kann sich auch
kein anregendes und motivierendes Lernklima verbreiten. Das bringt
Frust für beide Seiten: Schüler fahren ihr Lernengagement weiter auf
Sparflamme herunter, während Lehrer sich auf reine Wissens-
vermittlung beschränken und ihren Unterricht auf die noch ver-
bleibenden interessierten Schüler ausrichten. „Wozu sich noch
anstrengen? – Lohnt ja eh' alles nicht", könnte dann als Devise
für beide Seiten gelten.

Wo liegen die Ursachen?

Das Motto der heutigen Gesellschaft lässt sich mit den Worten
„möglichst alles, aber bitte schnell & einfach" kurz zusammenfassen.
Im Alltag sind die Schüler gewohnt, Informationen sehr schnell und
meist unreflektiert aufzunehmen. Dieser Umgang mit Informationen
und Wissen überträgt sich auch auf Schule und Lernen. Viele Schüler

sind sich nicht wirklich dessen bewusst, dass zum Wissen auch Anstrengung gehört und dass Lernen zwar oft mühevoll ist, aber auch jede Menge Spaß macht. Mit ihrer Anwesenheit in der Schule glauben daher manche ihren Beitrag zum Lernen bereits abgegolten zu haben.

So verwundert es auch nicht, dass Unterhaltung im Unterricht und die Pausengestaltung mit Klassenkameraden eher in den Vordergrund rücken als das Lernen selbst. So mancher Pädagoge fühlt sich eher als Alleinunterhalter, wobei dieser zumindest mit dem Applaus des Publikums rechnen kann, wogegen einen Lehrer meistens nur müde und desinteressierte Gesichter anschauen.

Die Situation lässt sich mit einer Anekdote aus einem bekannten amerikanischen Comic vergleichen. Bei einem Bewerbungsgespräch nach der Schulbildung gefragt, antwortete der Held dieses Comics: „Schulbildung? Habe ich nicht, dafür aber ein ziemlich starkes Selbstbewusstsein!"

Motivation und Disziplin

Zwischen Motivation und Disziplin besteht ohne Zweifel eine direkte Verbindung, denn die schwer zu motivierenden Schüler sind auch häufig diejenigen, die sich kaum disziplinieren lassen. Umgekehrt bringt ein Unterricht, in dem nicht viel Wert auf Motivation gelegt wird, nicht selten Disziplinschwierigkeiten mit sich.

An den von uns geführten Fortbildungsseminaren nehmen immer mehr Lehrer teil, die wissen wollen, wie man mit Schülern umgeht, die sich nicht vorbereiten, denen alles gleichgültig ist, was mit Schule zu tun hat, und die überhaupt nicht lernen wollen. Die häufigsten Fragen beziehen sich darauf, wie man den genannten Problemen angemessen begegnen kann, die ja nicht eindeutig in Ursachen und Folgen einzuteilen sind.

Mit einigen didaktischen Kniffen und gezielten Methoden der Motivation können aber zumindest die „hausgemachten" Disziplinprobleme recht schnell gelöst werden.

Obwohl sich unangemessenes Verhalten der Schüler im Allgemeinen nicht mit simplen Strategien aus der Welt schaffen lässt, kann man dann mit der richtigen Herangehensweise in der Regel auch die Schüler erreichen, die ihr Interesse am Unterricht gänzlich verloren zu haben scheinen.

Das trifft natürlich nicht auf alle Fälle zu. Wenn Schüler sich in schwierigen Lebenssituationen befinden und Probleme mit sich herumtragen, sind sie verständlicherweise wenig empfänglich für Schule. Dann helfen auch keine didaktischen Tricks und Kniffe, sondern eher ein klärendes Gespräch. Manchmal ist auch eine kleine Auszeit völlig angebracht. Wenn sich Schüler zeitweise ohne ernsthaften Anlass aus

dem Unterricht ausklinken und das keine negativen Folgen für die Arbeitsatmosphäre in der Klasse hat, ist das zunächst einmal keine beunruhigende Situation. Nicht jedes Motivations-Tief ist wirklich ernst zu nehmen und bedarf einer Abhilfe.

Motivation – nur was für Schüler?

Gehen Sie zunächst Ihrer eigenen Motivation auf den Grund, bevor Sie sich daran machen, Ihre Schüler zu motivieren. Wenn man sich mit Lernenden auseinander setzt, die kaum zu erreichen sind und die man nur bedingt kontrollieren kann, ist das oft die schwierigste Übung. Bei vielen Pädagogen stellt sich sehr schnell die Frage ein, warum man seine Energie überhaupt noch an die „Störenfriede" verschwenden soll:

Was ist mit Schülern, die ganz genau wissen, wie sie sich unsere Schwächen zu Nutze machen können? Die versuchen mit uns Krieg zu führen, andere Schüler negativ beeinflussen, unsere Autorität in Frage stellen und auf keinerlei Anreize reagieren? Warum sollte ich für diese Schüler meinen Unterricht umkrempeln? Es gibt doch genügend Schüler, die interessiert sind und tatsächlich lernen wollen.

Versuchen Sie sich von solchen negativen Gedanken zu befreien.

Wenn Sie Ihre Schüler für Ihren Unterricht begeistern wollen, müssen Sie selbst von ihm begeistert sein! Im Angesicht von undisziplinierten und unmotivierten Jugendlichen vergisst man als Pädagoge verständlicherweise allzu leicht, warum es sich trotz allem lohnt, sich auch um die Problemfälle zu kümmern. Letztlich profitieren aber nicht nur die unmotivierten Schüler von einem Motivationstraining, sondern auch der Rest der Klasse und vor allem auch Sie selbst!

EINLEITUNG

Warum sind Schüler überhaupt unmotiviert?

In einer Gesellschaft, in der materiellem Besitz mehr Wert beigemessen wird als der eigenen Persönlichkeit, ist es nicht verwunderlich, dass Kinder und Jugendliche zwar Ansprüche stellen, aber an sie gestellte Erwartungen nicht erfüllen können und wollen. In unserer Überfluss-gesellschaft wird fehlende Zeit in der Regel mit Konsum kompensiert. Aus schlechtem Gewissen – weil sie glauben, ihren Kindern nicht genügend Zeit widmen zu können – oder um zu belohnen ersetzen viele Eltern die fehlende Fürsorge wie selbstverständlich mit materiel-len Gütern, ohne jedoch dabei etwas von ihren Kindern zu erwarten. Anstrengungsbereitschaft und Engagement lernen viele Kinder somit erst in der Schule kennen. Dort ist sie aber auch gleichzeitig meist mit Zielen verbunden, die von außen an sie herangetragen werden und für die es sich auf den ersten Blick nicht unbedingt zu kämpfen lohnt.

Vor diesem Hintergrund auf die Einstellungen der Schü-ler einzuwirken, ist mitunter schwierig. Ein Lehrer muss daher fähig sein, soziale Bedingungen zu durchschauen und so zu nutzen, dass er Motivation auf Seiten der Schüler wecken, fördern und kultivieren kann. Dass Lernen Spaß ma-chen kann, müssen Schüler selbst für sich entdecken können. Diese Entdeckung ist die beste Motivation. Ein Unterricht, der das berücksichtigt, motiviert schon von sich aus. Genauso, wie sich Erfolge zu erkämpfen, müssen Schüler aber auch lernen, Misserfolge zu ertragen. Auch das ist ein Teil des Lernprozesses.

►► Disziplinmangel aus Sicht der Psychologie

Mangelnde Disziplin hat oft etwas mit Ängsten und Unsicherheit zu tun. Hinter Provokationen oder offen zur Schau getragenem Desinteresse kann sich daher auch die Angst davor verbergen, sich im Unterricht mit vermeintlich dummen oder falschen Beiträgen bloßzustellen. Aus der Perspektive der Psychologie betrachtet ist das der Versuch verborgene Ängste zu überspielen.

Viele Kinder und Jugendliche sind sich ihrer Stärken nicht bewusst und nehmen leider nur ihre Schwächen und Unsicherheiten wahr. Im Unterricht gibt es genügend Situationen, in denen tatsächliche oder vermeintliche Schwächen offengelegt werden: Jede Wortmeldung, Antwort oder Frage findet schließlich vor Publikum statt und kann entsprechend wohlmeinend oder vernichtend kommentiert werden. Aus Angst davor, sich bloßzustellen, Kritik und Hohn zu ernten, verzichten manche Schüler deshalb lieber ganz darauf, sich am Unterricht ernsthaft zu beteiligen. Sie fürchten, man würde sie als dumm oder unfähig abstempeln, wenn sie sich ernsthaft mit dem Lernstoff auseinandersetzen und dabei auch in Kauf nehmen, nicht alles auf Anhieb zu verstehen und auch hin und wieder einen Fehlversuch einzustecken. Die Schüler versuchen sich davor zu schützen, von ihren Klassenkameraden, Eltern oder Lehrern als dumm und unfähig angesehen zu werden und verweigern ihre Arbeit ganz – und sich selbst damit natürlich auch die Möglichkeit, ihre Kenntnisse unter Beweis zu stellen. Diese Haltung schützt auch vor einer negativen Selbsterkenntnis. Einige schützen sich davor mit Arbeitsverweigerung und kompensieren auf diese Weise ihre Unsicherheit.

Wenn sich Schüler in der Klasse/Schule nicht wohl fühlen und die Angst sich zu blamieren überwiegt, kann der Unterricht noch so motivierend sein – die Bereitschaft, sich einzubringen und damit auch Risiken einzugehen, wird sich bei diesen Schülern nur schwer einstellen.

Im schlimmsten Fall können solche Versagensängste sogar zu handfesten Depressionen führen – nicht selten schon bei den Jüngsten, für die Schule eigentlich ein sorgenfreier Ort sein sollte, an dem sie ungestört lernen und sich frei entfalten können. Sorgen Sie deshalb dafür, dass der Ort des Lernens auch ein Ort der Sicherheit und Geborgenheit ist, an dem sich Ihre Schüler genauso wie Sie wohl fühlen können und akzeptiert werden. Das ist der erste und wichtigste Schritt in Richtung Motivation.

Sollten Sie bei Ihren Schülern jedoch tatsächlich Anzeichen für ernsthafte psychische Probleme oder Depressionen entdecken, ist es ratsam sich von vornherein Unterstützung bei Fachleuten, wie z. B. Schulpsychologen, zu holen und auch den Eltern Ihre Beobachtungen mitzuteilen. Dieser Art von Schulproblemen sollten Sie sehr einfühlsam begegnen und den betreffenden Schülern bestmögliche Unterstützung zukommen lassen, ohne sie mit allzu offenen Fragen oder übereifrigen Handlungen zu verletzen. Nur so können Sie den Schülern helfen, sich gegen die Angst und für das Lernen zu entscheiden.

Es liegt in der Verantwortlichkeit des Lehrers, dass er sich so gut wie möglich um alle Schüler kümmert. Dazu gehört es natürlich auch, das Interesse der Schüler wach zu halten und dabei auch diejenigen nicht zu vergessen, die von sich aus kaum Motivation zum Lernen mitbringen. Gerade um diese Sorgenfälle sich zu kümmern lohnt sich, denn sie klinken sich aus dem Unterricht erfahrungsgemäß als Erste aus und sind nur schwer wieder „einzufangen". Wenn Sie diese Jugendlichen in ihren Bedürfnissen nicht ernst nehmen und nur als Störfaktoren sehen und mit ihnen auch so umgehen, werden Sie das eigentliche Problem noch verstärken. Irgendwann ist die Abwehrhaltung dieser Schüler so groß, dass kaum noch an sie heranzukommen ist und sie nur noch verletzend reagieren. Dadurch beeinträchtigen sie den Lernerfolg der gesamten Gruppe und kosten den Lehrer außerdem noch Nerven. Kümmern Sie sich daher um diese Schüler rechtzeitig und versuchen Sie herauszufinden, wo die Ursachen für ihre Probleme liegen.

Wie Ihnen dieses Buch helfen kann

Die Motivationsmethoden, die in diesem Buch vorgestellt werden, haben sich ohne Ausnahme in der Schulpraxis als sehr effektiv erwiesen. Sie sind jedoch nicht als Patentrezepte zu verstehen. Ob eine Methode funktioniert und in welcher Situation sie am besten angewandt werden kann, hängt von sehr vielen (äußeren) Faktoren ab. Wer ein Kochbuch mit fix und fertigen Rezepten erwartet, mit dem ausnahmslos alle uninteressierten Schüler begeistert werden, den müssen wir leider enttäuschen.

Das Rahmenkonzept dieses Buches ist als Leitfaden zu sehen. Sie können sich daran orientieren, müssen aber nicht notwendigerweise alle aufgeführten Methoden anwenden. Um bei dem Kochbuch-Bild zu bleiben: Die hier vorgestellten „Rezepte" sind eher Appetitanreger. Mitunter werden Sie den einen oder anderen davon durch neue Zutaten abwandeln müssen. Und einige werden Sie vielleicht nie ausprobieren, weil Sie Ihrem Geschmack oder dem Ihrer Schüler nicht entsprechen.

Suchen Sie sich also die Methoden aus, die in Ihrem Unterricht am besten funktionieren. Sie können eigene Vorgehensweisen ausprobieren und sie dem hier vorliegenden Rahmenkonzept hinzufügen. Nach und nach sollte so ein festes Repertoire praktikabler Methoden und Strategien entstehen, auf das Sie im Unterricht immer wieder zurückgreifen können.

Einige methodische Ansätze schließen daher auch mit einem Schlusswort ab, das die wesentlichen Aspekte zusammenfasst. Fehlt dieser Abschnitt, können Sie eigene Ergänzungen vornehemen.

Wie Sie vorgehen können:
Motivieren in fünf Schritten

Wenn Sie uninteressierte Schüler begeistern und motivieren wollen, sollten Sie die folgenden grundlegenden Überlegungen beherzigen:

Grundsätzlich sind alle Schüler neugierig und lernbereit. Bei vielen ist die Lern- und Anstrengungsbereitschaft jedoch aus irgendwelchen Gründen verschüttet. Wichtig ist daher, dass Sie diese Ursachen aufspüren und den Schülern die nötigen Hilfen anbieten, damit sie ihre Neugierde und die Freude am Lernen wieder entdecken.

Misserfolge und damit verbundene Frustrationen können die Lernbereitschaft und das Interesse der Schüler hemmen. Verhelfen Sie ihnen daher zu persönlichen Erfolgen, die das Selbstbewusstsein stärken und zur weiteren Anstrengung motivieren.

Lernen heißt auch, Risiken einzugehen. Daher sollte das Lernumfeld einen sicheren Ort für Körper und Geist darstellen. Ein angenehmes Lernklima, das von gegenseitigem Respekt geprägt ist, stellt die Grundlage dafür dar.

Schüler haben ein grundlegendes Bedürfnis, sich zur Klasse zugehörig zu fühlen, sich als kompetent zu erleben und Einfluss auf das Unterrichtsgeschehen nehmen zu können. Motivation zum Lernen entsteht, wenn der Unterricht auf diese Bedürfnisse eingeht.

Fürs Lernen sind auch Herausforderungen nötig, denn durch sie lernt man persönliche Stärken, aber auch Grenzen kennen. Ein motivierender Unterricht sollte daher genügend Anreize und Anregungen bieten, mit deren Hilfe die Schüler ihre Stärken und Schwächen kennen lernen können.

Diese grundlegenden Überlegungen bestimmen die folgenden fünf Leitprinzipien, die Ihnen beim Anwenden oder Entwickeln von Motivationsmethoden als Anregung dienen sollten:

- **Zeigen, dass sich die Mühe lohnt**
- **Hoffnung auf Erfolge wecken**
- **Autorität respektieren**
- **Vertrauen und Akzeptanz aufbauen**
- **Begeisterung zeigen und wecken**

Die konkrete Umsetzung dieser fünf Prinzipien wird in den folgenden Kapiteln beschrieben.

ZEIGEN, DASS SICH DIE MÜHE LOHNT

▼
▼ *Jeder Unterricht baut auf der Beteiligung der Schüler auf.*
Eine noch so gut vorbereitete Unterrichtsstunde bringt nichts,
wenn die Schüler nicht mitmachen.

Es ist daher für den Erfolg des Unterrichts außerordentlich wichtig,
dass der Lehrer auf die Einsatzbereitschaft der Schüler großen Wert legt.
Den Schülern sollte deutlich werden, dass sich die Mühe lohnt und sie mit
ihrer Beteiligung zum Gelingen des Unterrichts beitragen. Denn so wird
die allgemeine Leistungsbereitschaft gesteigert und für das Lernen ge-
worben. Die Schüler können sich auf diese Weise als Mitgestalter des
Lernprozesses erleben und nicht nur als passive Konsumenten. Außerdem
lassen sich so Verhaltensprobleme bei Schülern, die ihre Lernschwächen
durch auffälliges Verhalten zu überspielen versuchen, reduzieren.

Viele Schüler, die sich im Unterricht unangemessen verhalten und durch
Passivität oder permanentes Stören auffallen, versuchen auf diese Weise
oftmals ihre Unsicherheiten, Wissenslücken und Lernschwierigkeiten zu
überspielen. Kurz gesagt: Einige Schüler trauen sich einfach nichts zu
und meinen, dass der Erfolg in der Schule allein von ihren Fähigkeiten
und nicht von der Einsatzbereitschaft abhängt. Durch ihr ausweichendes
Verhalten bleiben die eigentlichen Probleme weiter im Verborgenen.

Selbstbewusste Schüler vertrauen auf ihr Können. Sie können Misserfolge besser wegstecken und lassen sich von gelegentlichen Niederlagen
in ihrer Anstrengungsbereitschaft nicht beeinflussen. Schüler dagegen,
die in der Schule häufig Misserfolge erleben, glauben häufig, dass Intelli-

genz als feststehende Größe über Erfolg oder Misserfolg beim Lernen entscheidet. Sie beteiligen sich dann meist einfach deshalb nicht, weil sie davon ausgehen, dass sie, selbst wenn sie sich anstrengen würden, ihre Leistung nicht verbessern würden.

Für diese Schüler ist es daher ganz besonders wichtig zu erleben, dass auch sie persönliche Stärken haben und durch entsprechendes Engagement im Unterricht Fortschritte erlangen können. Zeigen Sie insbesondere diesen Schülern, dass Neugierde die Voraussetzung für das Lernen ist und dass im Unterricht nicht nur der Output zählt, sondern vor allem auch die Beteiligung und das Interesse an Lerninhalten.

Obwohl es sicherlich schwierig ist, gerade diese Schüler zu motivieren, gibt es dennoch einige Methoden, mit denen man ihr Interesse am Lernen wieder wecken kann. Diese zielen besonders darauf ab, die Einsatzbereitschaft anzuerkennen und die gegenseitige Wechselwirkung von Erfolg und Engagement aufzuzeigen.

 **1.** # Aus Fehlern lernen

Fehler können wichtige Vermittler des Lernens sein, wenn sie nicht bloß als Zeichen individuellen Versagens gedeutet werden, sondern man stattdessen ihre Ursachen untersucht. Lehrer können Fehler zum Ausgangspunkt für das Lernen machen, indem sie diese als selbstverständlichen Teil des Lernprozesses ansehen. Denn Fehler sind Indikatoren für die Denkweisen, (Lern-)Strategien, Stärken und Schwächen der Schüler, aber natürlich auch für die Stärken und Schwächen Ihres eigenen Unterrichts.

Würdigen Sie daher auch falsche Antworten der Schüler. In fast jedem Beitrag ist ein Ansatz, den man hervorheben kann. Setzen Sie bei den Fehlern an und lassen Sie auch teilweise korrekte Antworten gelten.

Das ermutigt zu weiteren Überlegungen, statt erste Antwortversuche bereits im Ansatz zu ersticken. Ein paar Beispiele für den Umgang mit falschen Antworten:

„Lincoln war nicht der erste,
aber er war ein amerikanischer Präsident,
damit hast du Recht!"

„Nils, vier Deiner Antworten waren sehr gut.
Damit hast du gezeigt,
dass du den ersten Teil der Geschichte
verstanden hast.
Schau dir mal meine Vorschläge
für die nächsten vier Aufgaben an
und versuche sie noch einmal."

„Deine Rechnung liefert zwar ein falsches Ergebnis.
Ich kann mir aber vorstellen, wie du auf
diese Lösung gekommen bist.
Erkläre doch bitte den anderen,
wie du gerechnet hast.
Ich glaube, dass auch andere
diesen Denkfehler gemacht haben."

„Claudia, der Fehler, den du gemacht hast,
zeigt mir, dass ich dieses Prinzip noch nicht
ausführlich genug erklärt habe.
Ich bin überzeugt, dass auch viele
deiner Mitschüler Probleme haben,
das zu verstehen.
Wir werden diesen Punkt deshalb
noch einmal durchgehen."

In Diskussionen oder Reflexionsphasen können Fehler als Ausgangs-
punkte für ausführlichere Erläuterungen dienen. Durch „falsche"
Antworten oder Lösungen erhält der Lehrer wichtige Informationen
über den Lernprozess.

▶▶ Schlusswort

Schülern wird zwar oftmals gesagt, dass Fehler zum Lernen einfach
dazugehören oder dass sie sogar notwendig sind. Dennoch werden im
Unterricht meistens nur die besten Antworten oder Leistungen gelobt.
Lehrer sollten konsequenterweise den konstruktiven und somit
positiven Anteil von Fehlern hervorheben, denn nur so können sie ihre
Schüler ermutigen, ihre Schwächen gezielt zu nutzen. Machen Sie es
sich zur Angewohnheit, den Schülern zu erläutern, was uns Fehler
sagen und worauf sie uns hinweisen können. Dabei können Sie die
folgende Vorgehensweise zur Hilfe nehmen:

1. „Du (Name des Schülers) zeigst, dass du ... verstanden hast und mit
   ... gut umgehen kannst."
   *(Leiten Sie Ihre Ausführungen zum Beispiel mit einem Aspekt der Schüler-
   antwort/Lösung ein, der eine Stärke des Schülers darstellt und der sich so auf
   die Aufgabenstellung bezieht, wie es in der Aufgabe verlangt war.)*

2. Dein Fehler zeigt mir allerdings, dass ...
   Das ist wichtig für mich zu wissen, denn ...
   *(Geben Sie zusätzliche Erklärungen oder neue Informationen, so dass nicht
   nur der jeweilige Fehler behoben wird, sondern auch allgemeinere Verständnis-
   probleme gelöst werden.)*

3. Nun wird es dir sicherlich leichter fallen, die nächsten ...
   anzugehen. Achte dabei besonders auf ...
   (Bringen Sie spezielle Probleme an, die beim Üben immer wieder vorkommen.)

4. Lassen Sie es Ihre Schüler wissen, wenn sie Fortschritte machen, und würdigen Sie diese Erfolge mit Lob.

 # Änderungen erwünscht!

Ermöglichen Sie Ihren Schülern das Überarbeiten oder Neuschreiben von Texten.

Schriftsteller brauchen meist mehrere Schreibanläufe und Überarbeitungsdurchgänge, bis sie ein Manuskript zur Veröffentlichung freigeben. Auch Architekten überprüfen und überarbeiten ihre Entwürfe sehr sorgfältig, bevor sie in die Tat umgesetzt werden, und selbst Buchhalter gehen ihre Aufzeichnungen immer wieder durch, um unnötige Fehler zu vermeiden. Wer bereit ist, sich von seinem Text zu distanzieren und die Mühe aufbringt, ihn (mehrfach) zu überarbeiten, wendet sehr viel Disziplin und Anstrengung auf. Diese ist oftmals wichtiger als das Endergebnis selbst und sollte daher entsprechend honoriert werden.

Obwohl dieser Teil der Arbeit sehr schwer bewertet werden kann, sollte er in der Gesamtbeurteilung berücksichtigt werden. Es ist daher wichtig, dass Sie Ihren Schülern zum einen die Möglichkeit einräumen, ihre Texte oder Aufgaben zu kontrollieren und gegebenenfalls zu überarbeiten. Zum anderen sollte dieser Arbeitsschritt aber auch entsprechend anerkannt und benotet werden.

Bleiben Sie aber in Bezug auf die Zeitvorgaben realistisch. Wenn sich beim Überarbeiten von Texten oder Aufgaben echte Lernfortschritte bei den Schülern einstellen sollen, müssen sie auch entsprechend viel Zeit dazu erhalten. Kontrollieren und Überarbeiten sollte nach und nach fester Bestandteil der Bearbeitung von Aufgaben (nicht nur von Tests und Klassenarbeiten) werden. Wichtig dabei sind auch Reflexionsphasen und Konferenzen, in denen die Schüler im Plenum über ihre

© Verlag an der Ruhr | Postfach 10 22 51 | 45422 Mülheim an der Ruhr
www.verlagruhr.de

Schwierigkeiten und auftauchende Probleme sprechen können. Rückmeldungen von Seiten des Lehrers und der Mitschüler können hier sehr hilfreich sein. Wird den Schülern daraufhin durch das Überarbeiten von Texten, Projektmappen, Aufsätzen oder Versuchsbeschreibungen eine neue Chance gewährt, gehen sie in der Regel motivierter an neue Herausforderungen. Denn dadurch wird ihnen deutlich gemacht, dass nicht auf Anhieb Perfektes erwartet wird.

Obwohl Überarbeitungsphasen und -besprechungen je nach Art der Aufgabe auch mehr Zeit beanspruchen, lohnt es sich diese Zeit in der Unterrichtsplanung mit zu berücksichtigen. Diese Phasen haben einen selbstregulierenden Effekt: Die Schüler können voneinander lernen und das erspart häufig der Lehrperson zusätzliche Ausführungen und Erklärungen.

Natürlich sollte für die Schüler ein Gleichgewicht zwischen den eher gelenkten Überarbeitungen und eigenverantwortlicher Arbeit bestehen. Welcher Schüler wie viel Anregungen für seine Überarbeitungen benötigt, entscheiden natürlich Sie als Lehrperson. Der Anteil der eigenverantwortlichen Leistung sollte aber möglichst überwiegen.

Ihre Aufgabe dabei ist es, den Schülern aufzuzeigen, wie sie konkret daran arbeiten können, ihre Leistung zu verbessern. Dazu gehört beispielsweise auch die Strukturierung von Arbeiten und die Einhaltung von Abgabeterminen.

Erinnern Sie Ihre Schüler an Deadlines und Fristen und helfen Sie ihnen auf diese Weise ihre Arbeiten zu planen und zu strukturieren. Das ist für Lernerfolge genauso wichtig wie die Inhalte selbst.

▸▸ Schlusswort

Einsatz lohnt sich! Das sollen die Schüler erkennbar in ihren Beurteilungen wiederfinden. Schlagen Sie den Schülern dazu beispielsweise vor, Punkte auf einem „Konto" zu sammeln, die sie für besonderen

Einsatz bekommen. Das können z.B. Punkte für gute Text-Überarbeitungen sein oder für besondere Gründlichkeit beim Korrigieren von (Mathe-) Aufgaben, bei denen eigene (überflüssige) Fehler aufgedeckt werden konnten. Diese Punkte können später zum Beispiel gegen eine Hausaufgabe eingetauscht werden, wenn sich genügend davon auf dem Konto angesammelt haben. Eine weitere Option wäre, verbesserte Textentwürfe je nach Grad der Eigenleistung höher zu bewerten als nicht überarbeitete Erstentwürfe. Je mehr und je gezielter der Schüler seinen Erstentwurf verbessern konnte, desto besser würde dann seine Endnote ausfallen. Natürlich ist bei dem Verfahren gut abzuwägen, wie viel Hilfestellung der Schüler erhalten hat bzw. wie zielgerichtet er vorgegangen ist und ob die Zeitvorgabe eingehalten wurde.

Tauschen Sie sich mit ihren Kollegen und/oder Schülern über andere Methoden aus, mit denen Lernfortschritte dieser Art dokumentiert werden können.

 # 3. Engagement und Leistung getrennt bewerten

Noten können die Leistungen der Schüler nie ganz vollständig wiedergeben, weil sich alle Aspekte der Leistung nur schwerlich in einer Note zusammenfassen lassen. Beurteilungen sind als Messinstrument dann viel wirkungsvoller und auch viel motivierender, wenn man sie in verschiedene Kategorien einteilt. So können individuelle Stärken besser erfasst und Fortschritte in bestimmten Bereichen genauer dokumentiert werden. Auch das hilft die Bereitschaft zur Leistung zu steigern. Denn es macht deutlich, dass kleinere Fortschritte nicht einfach unter den Tisch fallen, sondern registriert und gewürdigt werden. Umgekehrt erfahren die Schüler auf diese Weise viel genauer, wo noch ihre Schwächen liegen und an welchen Punkten sie noch gezielt arbeiten müssen.

Dieser pädagogische Leistungsbegriff zielt darauf ab, die Leistungsfähigkeit und Leistungsbereitschaft – also auch die Motivation – der
Schüler zu fördern und zu erhalten. Das bedeutet aber auch, dass
Lernsituationen so differenziert gestaltet werden müssen, dass Schüler
tatsächlich etwas leisten können und gemessen an ihren Lernmög-
lichkeiten Erfolg haben und Vertrauen in ihre eigenen Fähigkeiten
gewinnen können.

Splitten Sie daher die Noten für ein Fach/einen Bereich und trennen
sie die kognitive Leistung von der allgemeinen Beteiligung am Unterricht. Die kognitive Leistung umfasst die Grundlagen des jeweiligen
Fachs. Diese Art von Leistung ist messbar. Sie kann z.b. in Form eines
Tests oder einer Klassenarbeit zu einem bestimmten Thema abgefragt
werden und anhand vorher festgelegter Kriterien/Vorgaben überprüft
werden. Diese Note bewertet ausschließlich, was der Schüler gelernt
hat und zum Zeitpunkt der Abfrage weiß, und ist von den Fähigkeiten
zu trennen, die er darüber hinaus in den Unterricht einbringt. Dazu
zählen z.b. das Interesse und die Beteiligung am Unterricht und das
Arbeits- und Sozialverhalten.

▶▶ Schlusswort

Listen Sie vorab alle Faktoren auf, die Sie bei der Beurteilung eines
Schülers berücksichtigen wollen. Überlegen Sie beim Erstellen dieser
Liste, welche der Faktoren sich auf das vom Schüler Gelernte beziehen
und welche wiederum mit dem Schülerverhalten in Verbindung stehen.
Die Beurteilung des Verhaltens umfasst sehr viele Einzelfaktoren, wie
z.b. die Kooperation in der Gruppe, die persönliche Einsatzbereitschaft
oder die Einhaltung von Abgabefristen und die Zuverlässigkeit beim
Erledigen von Aufgaben. Je nach Schwerpunktsetzung Ihres Unterrichts werden sicherlich auch andere dieser „weichen" Faktoren hin-
zukommen. Das hängt sehr stark davon ab, welches Verhalten Sie bei

Ihren Schülern fördern wollen und auf welche sozialen Kompetenzen Sie besonderen Wert legen. Ihre Beurteilungskriterien können anschließend zur besseren Übersicht nach abfragbaren Kenntnissen (dem „Was") und den sonstigen mit dem Lernen an sich in Zusammenhang stehenden Fähigkeiten (dem „Wie") trennen.

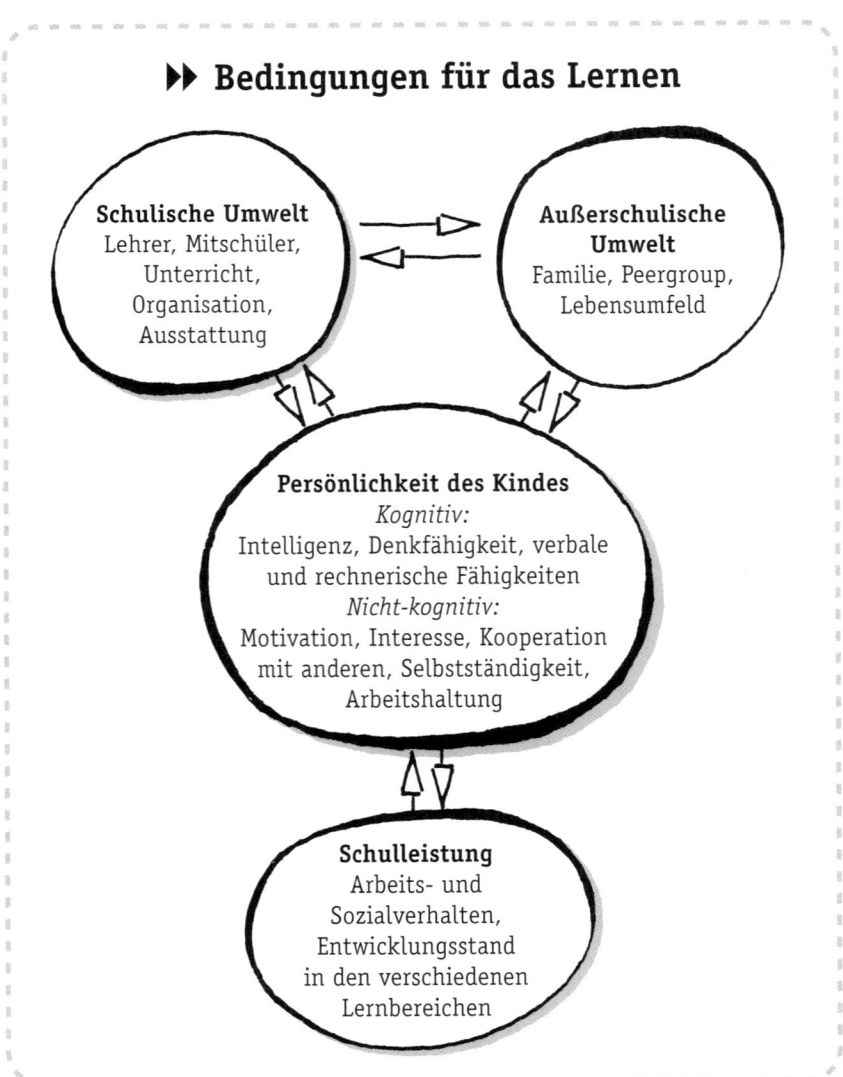

▸▸ Bedingungen für das Lernen

Schulische Umwelt
Lehrer, Mitschüler, Unterricht, Organisation, Ausstattung

Außerschulische Umwelt
Familie, Peergroup, Lebensumfeld

Persönlichkeit des Kindes
Kognitiv:
Intelligenz, Denkfähigkeit, verbale und rechnerische Fähigkeiten
Nicht-kognitiv:
Motivation, Interesse, Kooperation mit anderen, Selbstständigkeit, Arbeitshaltung

Schulleistung
Arbeits- und Sozialverhalten, Entwicklungsstand in den verschiedenen Lernbereichen

4. Schritt für Schritt zum Ziel

Es müssen nicht immer gleich die großen Vorsätze sein. Manchmal ist es einfacher sich Schritt für Schritt seinem angestrebten Ziel zu nähern und auf dem Weg dahin die Teilerfolge zu genießen. Das gilt besonders für die Schulleistung. Ermutigen Sie die Schüler daher, sich Teilziele zu setzen und jeden Tag eine Kleinigkeit zu verbessern.

Schlagen Sie Ihren Schülern vor, sich jeden Tag ein kleines (erreichbares) Ziel zu setzen. Dieses Ziel kann sich auf das Lernen, das soziale Miteinander in der Schule oder auf die eigene Persönlichkeit beziehen. Es sollte darauf abzielen, die Leistung/Leistungsbereitschaft eines Schülers zu verbessern oder eine positive Wirkung auf das Miteinander haben. So könnte sich ein Schüler zum Beispiel eine zusätzliche Matheaufgabe zum Üben vornehmen, auf dem Schulhof einer Provokation aus dem Wege gehen oder einen Mitschüler freundlich grüßen, mit dem er sonst nicht redet. Hilfreich ist bei der Umsetzung von Zielen das Führen eines Tagebuchs, dass die Fortschritte sichtbar macht. Darin können die Schüler schwarz auf weiß verfolgen, welche Ziele sie umsetzen konnten und natürlich auch diejenigen notieren, die es ihnen nicht zu verwirklichen gelang.

Die Auswertung eines solchen Tagebuchs kann im Unterricht erfolgen. In einer Reflexionsrunde besprechen die Schüler dann gemeinsam, welche Ziele sie auf welche Weise umsetzen konnten, und suchen nach Ursachen für die fehlgeschlagenen Versuche.

 **Höflichkeit ist eine Zier**

„Höflichkeit ist eine Zier, doch weiter kommst du ohne ihr!" – Dieser
Satz scheint sich heutzutage immer mehr durchzusetzen. Viele Menschen sind so sehr mit ihrem eigenen Leben beschäftigt, dass sie die
kleinen, höflichen Gesten des Alltags ganz vergessen. Das gilt für das
Gesellschaftsleben genauso wie für den Schulbereich. Dabei kommt es
gerade in der Schule, in der viele unterschiedliche Menschen aufeinander treffen, sehr darauf an, respektvoll und höflich miteinander
umzugehen. Als Lehrer verlangen wir selbstverständlich von unseren
Schülern Respekt und Disziplin im Unterricht. Unsere Schüler haben
jedoch genauso ein Anrecht darauf, von ihren Lehrern respektvoll und
höflich behandelt zu werden.

Was Höflichkeit in Bezug auf das Miteinander in der Schule bedeutet,
können Sie Ihren Schülern mit kleinen Gesten vormachen. Wenn Sie
beispielsweise von Ihren Schülern die pünktliche Erledigung und
Abgabe ihrer Hausaufgaben und Arbeiten erwarten, sollten Sie Ihrerseits selbstverständlich auch Fristen und Termine einhalten. Beurteilen
Sie Klassenarbeiten, Tests und schriftliche Aufgaben möglichst zügig
und geben Sie Ihren Schülern schnellstmöglich eine konkrete Rückmeldung. Eine verzögerte Beurteilung verliert in den Augen der Schüler
schnell ihre Bedeutung. Auch der Lerneffekt kann sich deutlich ver-
ringern, da die Inhalte einer Klassenarbeit oder eines Tests nach
längerer Zeit in den Köpfen nicht mehr so präsent sind. Korrekturen
und Verbesserungsvorschläge, die sie dann noch machen, verlieren ihre
Wirkung, da der Bezug nicht mehr aktuell ist.
  Ganz unabhängig davon ist eine schnelle Erledigung von Aufgaben
aber einfach eine höfliche Geste und im Alltag eigentlich eine Selbst-
verständlichkeit. Wenn Sie zum Beispiel ein Freund um Ihre ehrliche
Meinung zu etwas, was er selbst verfasst hat, bittet, würden Sie

sicherlich als guter Freund versuchen, so schnell wie möglich seiner Bitte nachzukommen. Nichts anderes erwarten Schüler von ihren Lehrern. Sie werden bei einer Klassenarbeit oder einem Test dazu aufgefordert ihre Leistung unter Beweis zu stellen und sind – um lernen und sich verbessern zu können – auf die Beurteilung dieser Leistung und auf konstruktive Hilfe angewiesen. Im Alltag ist es einfach nur ärgerlich, wenn uns jemand mit Gleichgültigkeit begegnet. In der Schule hängt davon sehr viel mehr ab.

Im Zusammenhang mit Höflichkeit fällt mir eine Anekdote ein, bei der einer meiner Söhne eine Rolle spielt. Er ist ein engagierter und motivierter Sportler und ist bei seiner Berufswahl genauso engagiert und voller Tatendrang an die Sache herangegangen. Leider hat er versucht in einem Bereich Fuß zu fassen, in dem sehr viel Konkurrenz herrscht und wenig Aussichten auf einen Ausbildungsplatz bestehen. Ausgeschriebene Stellenangebote ziehen in dieser Berufssparte oft Hunderte von Bewerbern an, die natürlich alle Hoffnung daran setzen, eingestellt zu werden. Mein Sohn hat bei seinen Bewerbungen sehr weite Fahrstrecken in Kauf genommen und sich auch um Stellen bemüht, die nicht gerade um die Ecke lagen. Einige Male hat er es geschafft, zu einem Vorstellungsgespräch eingeladen zu werden, bislang jedoch ohne Erfolg. Obwohl er natürlich jedes Mal ziemlich enttäuscht war, wenn es wieder mal nicht geklappt hat, war das eigentlich Frustrierende an den Absagen aber der Mangel an Höflichkeit. Seine Energie, Motivation und sein Selbstbewusstsein nahmen sichtbar mit jeder Absage ab. In den meisten Schreiben fanden sich nur die üblichen Floskeln – kein Wort über die genauen Gründe der Absage, keine Aufmunterung, manchmal nicht einmal der Dank für das Interesse an dem Betrieb. Dabei würde ein kurzer persönlicher Anruf, bei dem man sich für das Interesse des Bewerbers bedankt und ihm die konkreten Gründe für die Absage nennt, schon sehr vielen Selbstzweifeln vorbeugen. Dieses Alltagsbeispiel zeigt, wie wichtig Anteilnahme und Interesse sein können und wie sehr sie andere Menschen motivieren können.

▶▶ Schlusswort

Denken Sie einmal über all die kleinen Höflichkeitsgesten nach, die Sie persönlich im Schulalltag besonders schätzen. Oder denken Sie umgekehrt an Situationen, in denen Sie mehr Freundlichkeit und Anteilnahme von Seiten Ihrer Kollegen, Schüler oder der Eltern erwartet hätten, aber nicht bekommen haben. Vielleicht finden Sie es motivierend, wenn der Schuldirektor sich anerkennend über Ihre Arbeit äußert oder Eltern Ihrer Schüler anrufen und sich bei Ihnen für etwas bedanken wollen. Vielleicht denken Sie jetzt auch an ein kleines persönliches Dankeschön von einem Ihrer Schüler oder dem Hausmeister oder an eine kleine Aufmunterung von einer Kollegin. Stellen Sie sich anschließend in einem zweiten Schritt vor, über welche Art der höflichen Gesten sich Ihre Schüler freuen würden, und versuchen Sie diese vermehrt im Schulalltag einzubringen. Das kann z.B. eine aufmunternde Äußerung nach einer verpatzten Klassenarbeit sein, ein kleines Gespräch auf dem Schulhof und natürlich alle sonst im Alltag üblichen Gesten des gegenseitigen Respekts (siehe Terminbeispiel oben).

 **Einsatzbereitschaft zahlt sich aus**

Schule ist ein Ort des Lernens. Häufig wird aber von allen an der Institution Schule Beteiligten übersehen, dass die Schule neben der Leistungsforderung auch noch einen wichtigen pädagogischen und sozialen Aspekt zu erfüllen hat: die Erziehung. Schüler tragen nicht nur ihren Kopf zur Schule, sondern bringen auch ihre Sorgen und Ängste, ihre Bedürfnisse, Interessen und Vorlieben – kurz gesagt: ihre ganze facettenreiche Persönlichkeit mit. Gefragt ist aber meistens tatsächlich nur der Kopf. Was sonst noch das Herz bewegt und auf der Seele brennt, wird irgendwie mitgetragen, aber in der Schule selten besprochen oder gelöst. Damit Kinder und Jugendliche aber tatsächlich etwas leisten können, müssen sie in ihrer ganzen Persönlichkeit wahrgenommen und respektiert werden. Denn erst, wenn sie sich als Person angenommen fühlen, können Schüler etwas von sich preisgeben und Risiken beim Lernen eingehen.

Lassen Sie Ihre Schüler deshalb wissen, dass sie ihnen als Personen grundsätzlich wichtiger sind als das, was sie im Unterricht leisten. Das ist ein wichtiger Schritt zur Motivation, denn die Akzeptanz des Lehrers und der Mitschüler hilft den Schülern auch sich selbst zu akzeptieren und eventuelle Schwächen nicht gleich als Zeichen des Versagens zu werten. Genauso sollten Kinder und Jugendliche aber auch wissen, dass Fehler zu begehen sehr menschlich ist und daher nicht jeder Fehlschlag, den sie sich erlauben, gleich zur Ablehnung ihrer ganzen Person führt. Sollte eine bestimmte Handlung auch noch so wenig akzeptabel sein, darf sie dennoch nicht dazu führen, dass der Schüler als Person abgelehnt wird und sich ausgegrenzt fühlt.

Wenn Sie selbst eine solche Sichtweise an den Tag legen, wird es den Schülern sicherlich auch leichter fallen, Fehler zu gestehen und für diese auch geradezustehen. Diese Haltung schafft eine Atmosphäre der Akzeptanz und Toleranz und hat dauerhaft größeren Einfluss auf das Verhalten der Schüler als schlichte Sanktionen. Dem Schüler sollte folgendes bewusst sein: Ich bin Teil einer Klassengemeinschaft und ich kann wie alle anderen auch dazu beitragen, dass wir gemeinsam weiterkommen. Wenn ich mich aus dem Unterricht ausklinke, schadet das nicht nur mir, sondern auch den anderen.

Auch hierbei besteht die Aufgabe darin, die positiven Eigenschaften der Schüler hervorzuheben (siehe S. 60 f.) und sie auf diese Weise zu verstärken. Wenn ein Schüler ständig zu spät kommt und damit regelmäßig den Unterricht aufhält, ist es einen Versuch wert ihn auf diese Weise auf Konsequenzen seiner Haltung hinzuweisen.

Ein Beispiel:

> *„Felix, ich werde wohl nie aufhören können, dich wegen des Zuspätkommens zu ermahnen. Dabei bist du doch sonst am Unterricht sehr interessiert und beteiligst dich regelmäßig an unseren Überlegungen. Deine Beiträge sind immer sehr konstruktiv und hilfreich. Ich finde es deshalb sehr schade, dass du den ersten Teil der Stunde regelmäßig verpasst und nicht von Anfang an mitmachen kannst. Davon würden wir alle profitieren. Ich würde mich wirklich sehr freuen, wenn du versuchen würdest, ab morgen pünktlich zu kommen."*

Auf die Ausführungen bezogen, bedeutet dieses Beispiel nichts anderes, als dass man dem Schüler deutlich macht, dass seine Anwesenheit für alle wichtig ist und seine konstruktiven Beiträge fehlen, wenn er nicht da ist. Das positive Verhalten wird hier hervorgehoben und fungiert als Übermittler einer Botschaft. Das heißt jedoch nicht, dass Sie Schülern nicht auch Grenzen aufzeigen sollen und Fehlverhalten sanktionieren dürfen. Im Gegenteil, wenn Sie einem Schüler die Tragweite seines Verhaltens verdeutlicht haben, übernimmt er damit auch die Verantwortung für sein weiteres Handeln. Wenn sich keine Änderung einstellt und der Schüler bewusst bei seinem Verhalten bleibt und damit die Grenzen überschreitet, sollte er dafür auch zur Verantwortung gezogen werden.

▶▶ Schlusswort

Bevor Sie einen Schüler auf die negativen Folgen seines Verhaltens aufmerksam machen, sollten Sie sich erst mal über seine Stärken unterhalten. Loben Sie ihn für seine Fähigkeiten und machen Sie ihm klar, welchen Stellenwert er in der Klasse einnimmt und welche Auswirkungen sein Verhalten (im positiven wie im negativen Sinne) für die gesamte Lerngruppe hat.

7. Erwarten Sie nicht zu viel

Kleine Änderungen lassen sich leichter umsetzen als große Umbrüche. Das gilt insbesondere auch für Verhaltensänderungen. Verlangen Sie deshalb von Ihren Schülern nicht zu viel, sondern setzen Sie Ihre Forderungen und Ansprüche schrittweise durch. Sie werden einen Schüler zu mehr motivieren, wenn Sie ihm nicht sofort die ganze „Portion" aufbürden, sondern statt dessen kleinere Ziele setzen. Mit dieser kleinen List lässt sich längerfristig mehr erreichen. Außerdem bewahrt das beide Seiten vor Frustrationen.

Fangen Sie klein an und steigern Sie die Anforderungen Schritt für Schritt. Bauen Sie dabei neue Ziele auf den bereits erlangten auf und verknüpfen Sie auf diese Weise erlangte Erfolge mit neuen Herausforderungen. Das kann ganz konkret bedeuten, dass Sie zum Beispiel ein Aufgabenpensum quantitativ und qualitativ allmählich erhöhen oder bestimmte Verhaltensweisen nach und nach bei einem Schüler einfordern.

Ein paar Beispiele für schrittweise Ziele:

„Martin, ich fand deine Äußerungen heute wirklich sehr gut. Du scheinst dir ziemlich viele Gedanken zu unterschiedlichen Fragestellungen zu machen. Ich würde mich freuen, wenn du diese öfter mal äußern würdest. Wir machen morgen mit dem heutigen Thema weiter. Dann zähle ich wieder auf deine Beteiligung."

(Martin hat offensichtlich bislang wenig zum Unterricht beigetragen. Seine Äußerungen zum heutigen Thema waren jedoch sehr konstruktiv. Um ihn weiterhin zum Mitmachen zu ermuntern, verweist die Lehrerin auf die nächste Stunde, in der es um dasselbe Thema gehen wird. Anstatt pauschal mehr Beteiligung von Martin zu erwarten, bittet sie ihn, an dem Thema, das ihn offensichtlich interessiert, dranzubleiben.)

 *„Jenna, leider hast du es bislang nie geschafft, deine Projektmappe pünktlich fertig zu stellen. Ich kann dir nicht immer mehr Zeit als den anderen zur Bearbeitung geben.*
Aber du bekommst dieses Mal zwei Tage länger Zeit, um deine Mappe auf Vordermann zu bringen. Nutze diese Zeit, um sie zu überarbeiten."

(Jenna zählt zu den Schülern, die grundsätzlich Termine nicht einhalten können und ihre Sachen im unfertigen Zustand abgeben. Das angestrebte Ziel – ihre Arbeiten pünktlich abzugeben – wird sie vermutlich auch diesmal nicht auf Anhieb umsetzen können. Deshalb erhält sie vorab zwei Tage länger Zeit mit der Auflage, diese „Schonfrist" zur Überarbeitung der Mappe zu nutzen.)

▶▶ Schlusswort

Beziehen Sie sich auf kleine – bereits erlangte – Erfolge der Schüler und bauen Sie auf diesen auf. Konzentrieren Sie sich auf das Schülerverhalten, welches Sie sich von den Schülern wünschen, und fordern Sie dieses bei dem jeweiligen Schüler ein.

Zum Beispiel:
1. „Ich möchte, dass Martin morgen ..."
   (Notieren Sie das Ziel, dass Sie für Martin für die nächste Unterrichtseinheit formulieren würden.)
2. „Dauerhaft wünsche ich mir von Martin, dass er ..."
   (Formulieren Sie für Martin ein langfristiges Ziel.)

1. „Jenna sollte bei Ihrer Projektmappe diesmal ..."
   (Was erwarten Sie von Jenna, wenn Sie Ihr zwei Tage Aufschub gewähren?)
2. „Langfristig sollte Jenna ..."
   (Welches Ziel sollte Jenna zukünftig anstreben?)

Fallen Ihnen diese Verhaltensweisen im Unterricht positiv auf, merken Sie sich diese und verzeichnen Sie sie als (kleine) Erfolge in Ihrer Schülerbeurteilung. Heben Sie das gewünschte Verhalten/die gewünschte Leistung hervor und loben Sie den Schüler oder erinnern Sie ihn an das Ziel, wenn er es noch nicht erreicht haben sollte.

 Ziele vertraglich festhalten

Es ist erwiesen, dass man sich eher zu etwas verpflichtet und seine Ziele wesentlich zielstrebiger verfolgt, wenn die betreffenden Vorhaben, Versprechen oder Pläne verschriftlicht werden. Was man schwarz auf weiß vorliegen hat, kann man eben nicht so leicht vergessen bzw. ignorieren. Es ist wohl daher auch kein Zufall, dass Verträge schriftlich fixiert und von den Vertragspartnern unterzeichnet werden.

Diese Tatsache können Sie auch für Abmachungen, die Sie mit einzelnen Schülern treffen, nutzen. Sie können dazu Formulare verwenden, auf denen die Schüler in Stichworten festhalten, was sie mit Ihnen vereinbaren. Bitten Sie die Schüler, ihre persönlichen Ziele zu notieren, damit Sie sich später auf die Vereinbarungen immer wieder beziehen können. Sie können alternativ auch Abmachungen mit der gesamten Klasse treffen. Umgekehrt können Sie als Lehrer auch mal die Dinge „vertraglich" festhalten, zu denen Sie sich verpflichten. Vielleicht haben Sie den Schülern versprochen häufiger Gesprächskreise in den Unterricht einzubauen oder Sie haben sich möglicherweise vorgenommen

Klassenarbeiten schneller zu beurteilen. Nehmen Sie sich selbst auch in die Verantwortung und machen Sie den Schülern transparent, worauf Sie als Lehrperson zukünftig achten wollen.

Vertrag für _____ *(Vorlage)*

1. Was möchtest du in Zukunft ändern? *(Schreibe die Dinge auf, die du in der Schule in Zukunft besser machen möchtest.)*

_____

_____

2. Wie kannst du diese Dinge umsetzen? *(Schreibe auf, was du konkret tun kannst, um deine Vorsätze in die Tat umzusetzen.)*

_____

_____

3. Welche Schwierigkeiten könnten sich ergeben, die dir die Umsetzung deiner Ziele erschweren könnten?

_____

_____

4. Wie kannst du diese Schwierigkeiten umgehen oder lösen?

_____

_____

5. Wie können deine Lehrer und Mitschüler dir dabei helfen, deinen Plan zu verwirklichen?

_____

_____

6. Welche Folgen wird es haben, wenn du deine Vorsätze nicht verwirklichen wirst?

_____

_____

_____   _____
Unterschrift des Schülers   Unterschrift des Lehrers

9. Forderungen begründen

Ein wichtiger Grundsatz bei Forderungen, die man an andere stellt, ist es, immer auch einen Grund für diese Forderungen anzugeben. Das macht es dem anderen leichter das Ansinnen zu verstehen und verleiht der Bitte bzw. Forderung Nachdruck. Wenn etwas für denjenigen, den man um etwas bittet, nachvollziehbar ist, wird er auch eher bereit sein, etwaige Hindernisse aus dem Weg zu räumen, um der Bitte nachzukommen. Die Sozialpsychologin Ellen Langer (1989) wies diese Erkenntnis mit Hilfe eines recht simplen Experiments nach. Sie bat Menschen, die in einer Bibliothek am Kopierer anstanden, vorgelassen zu werden. Als sie die Anstehenden fragte, ob sie vorgelassen werden könnte, ohne eine nähere Begründung zu geben, willigten nur 60% ein:

„Entschuldigen Sie, ich habe nicht viel zu kopieren. Könnte ich als Nächstes an den Kopierer?"

Als sie aber eine konkrete Begründung angab, hatte sie wesentlich mehr Erfolg:

„Entschuldigen Sie, könnten Sie mich bitte vorlassen? Ich habe es sehr eilig, weil gleich meine Mittagspause zu Ende ist. Es sind nur fünf Seiten, die ich eben kopieren wollte."

In diesem Fall ließen 94% der Wartenden die Frau vor.

Noch interessanter ist, dass sie auch ohne eine wirkliche Begründung, aber mit sehr viel höflichem Nachdruck ebenfalls bei 93% der Anstehenden Erfolg hatte:

„Bitte entschuldigen Sie, dass ich mich vordrängeln will. Ich habe hier nur diese fünf Seiten zu kopieren und habe es eigentlich sehr eilig. Wären Sie so freundlich und würden mich vorlassen?"

Dieses kleine Experiment zeigt, dass zu einer Bitte zwei Dinge gehören: Freundlichkeit und Transparenz. Diese Erkenntnis lässt sich auch auf den Schulbereich übertragen: Schüler werden Aufträge oder Forderun-

gen eher ausführen bzw. befolgen, wenn ihnen klar ist, warum sie et-
was zu einem bestimmten Zeitpunkt tun sollen. Und auch wenn Sie als
Lehrer in der Klasse das Sagen haben, ist es keine Schwäche, wenn Sie
Ihre Bitten oder Forderungen freundlich vorbringen.

Zu einer der meistgestellten Fragen von Kindern und Jugendlichen
zählt sicherlich das schlichte „Warum?" Wenn Sie immer eine Antwort
auf diese Frage parat haben, wird das Ihren Arbeitsaufträgen und
-anweisungen sicherlich Nachdruck verleihen.

▶▶ Schlusswort

Machen Sie sich eine Liste mit allen Aufträgen, die Sie im Verlauf einer
Unterrichtseinheit an die Schüler richten wollen (Arbeitsanweisungen
zu den jeweiligen Aufgaben, Hausaufgaben etc.). Gewöhnen Sie sich
an, diese immer unter Anführung eines Grundes anzuordnen.

Hier einige Beispiele für solche Begründungen:

*„Bearbeitet mindestens zehn der im Buch aufgeführten
Multiplikationsaufgaben. Unter den ersten zehn befinden
sich einige schwierige Sonderfälle. Ihr solltet sie auf jeden
Fall alle einmal durchgerechnet haben, um den Lösungsweg verstehen zu
können."*

*„Schreibt bitte als Hausaufgabe alle Fremdbegriffe aus dem
Text, den wir gerade gelesen haben, heraus. Ihre Schreibweise prägt sich am besten ein, wenn man sie mehrfach
geschrieben hat. Wir werden viele dieser Begriffe im weiteren Verlauf
des Themas benutzen. Deshalb ist es wichtig, dass ihr wisst, wie sie
geschrieben werden und was sie bedeuten."*

„Jana, räum' bitte deinen Platz auf und entsorge den Papiermüll unter deinem Tisch. In dem Papierberg verschwinden regelmäßig Arbeitsblätter und Hausaufgaben, die ich bewerte. Wenn du sie nicht abgeben kannst, weil du sie nicht mehr wiederfindest, muss ich sie als nicht erledigt werten."

„Lucy, wenn du Tafeldienst hast, sorge bitte dafür, dass die Tafel vor Stundenbeginn sauber ist. Wenn du erst damit anfängst, wenn die Stunde beginnt, können wir sie nicht sofort nutzen und verlieren Zeit, die ich euch dann von der Pause abziehen muss."

10. Lernabschnitte und -abschlüsse feiern

Wenn man seine angestrebten Ziele verwirklichen konnte, ist das sicherlich ein Grund zur Freude und zum Feiern. Das schafft zum einen (Selbst-)Sicherheit („Das habe ich bereits erreicht") und motiviert für die weiteren Vorhaben („Den Rest schaffe ich auch noch!"). Auch in der Schule sollte man nach erreichten Zielen nicht einfach zum Alltagsgeschäft übergehen, sondern Fortschritte der Schüler entsprechend würdigen. Sicherlich können Schüler am Ende eines Halbjahres an ihrem Zeugnis ablesen, was sie bereits erreicht haben und woran es noch hapert. Motivierender ist es aber, schon vorher über seine Fortschritte Bescheid zu wissen. Sie können – wenn Sie Ihre Schüler auf diese Weise motivieren wollen – die individuellen Lernerfolge einzelner Schüler hervorheben, zum Beispiel:

„Markus, Jan, Benedict und Florian kennen sich nun nach ihrem Referat mit der Geschichte Frankreichs bestens aus. Wir können euch dreien nur zu diesem gelungenen Vortrag beglückwünschen!"

- oder der ganzen Klasse „auf die Schulter klopfen":

„Das Thema Moleküle war ein wirklich schwieriges Thema! Trotzdem habt ihr alle gut mitgearbeitet und ich denke, dass es auch alle verstanden haben. Ich habe uns heute zum Abschluss einen 'molekularen' Apfelkuchen mitgebracht, mit dem wir unseren Erfolg feiern können."

Fragen zum Nachdenken

1. Warum verlieren viele Schüler ihrer Meinung nach den Enthusiasmus und das Interesse an der Schule, wenn sie die höheren Schulstufen erreichen?
2. Was, glauben Sie, motiviert die Schüler, die im Unterricht immer ziemlich uninteressiert die Zeit absitzen, in ihrer Freizeit? Wenn Sie sich darüber nicht wirklich sicher sind, könnten Sie diese Frage zur Diskussion stellen und untersuchen, ob man diese speziellen Interessen der Schüler nicht auch im Unterricht nutzen könnte.
3. Was tun Sie persönlich, um Probleme zu bewältigen und sich selbst zu motivieren?

HOFFNUNG AUF ERFOLGE WECKEN

▼
▼ *Schüler, die bereits im Vorfeld davon ausgehen, dass sie das, was sie in der Schule lernen, nicht verstehen oder nicht brauchen, sind am schwersten zu motivieren und fallen am ehesten durch Fehlverhalten auf. Daher ist es die wichtige Aufgabe des Lehrers für die Schüler das angemessene Maß an Herausforderung zu definieren. Der Psychologe und Glücksforscher Mihaly Csikszentmihalyi (1990) hat gezeigt, dass die Motivation der Lernenden bei geringer Herausforderung sehr niedrig ist: Einen Dreckhügel zu erklimmen kann nicht dieselbe Herausforderung darstellen wie einen Berg hoch zu klettern. Das heißt, dass Aufgaben, die zu einfach sind, niemanden weiterbringen. Außerdem verliert ein Schüler, wenn er bereits bei einer einfachen Aufgabe scheitert, viel schneller die Motivation als bei einer komplizierten Aufgabe. Denn der Schüler schließt für sich daraus, dass er möglicherweise „zu dumm" ist, um die Aufgabe zu lösen. Wenn Aufgaben zu einfach sind, geben Schüler häufig schnell auf, während gezielte Herausforderungen auch zu mehr Leistung anspornen.*

Einen kleinen Exkurs zu weiteren Motivations- und Kreativitätstipps von Csikszentmihalyi sehen Sie auf der nächsten Seite.

Die Herausforderung des Lehrers ist es also, Berge zu finden, die die Schüler erklimmen können. Betrachten Sie jede Schulstunde und jedes Thema als Bergkette mit Bergspitzen unterschiedlicher Höhe und stellen sie sicher, dass die Höhe der Berge den Fähigkeiten der Kletterer entspricht. Wenn die Herausforderung den Möglichkeiten der Lernenden entspricht, dann sind die Bedingungen für eine interessierte Teilnahme der Schüler am Unterricht erfüllt.

Tatsächlich können Kinder und Jugendliche das Desinteresse erlernen. Gesunde Kinder sind mit einer natürlichen Wissbegier, Neugierde und Motivation ausgestattet. Diejenigen, die genügend Anregungen in ihrem Umfeld vorfinden und gesund aufwachsen, legen manchmal eine solch ausgeprägte Neugierde an den Tag, dass ihre Eltern bestimmte Räume zu kindersicheren Festungen umfunktionieren müssen. Aber auch wenn Kinder keinen guten Start ins Leben haben und in einem wenig anregenden

Tipps zur Förderung der Kreativität

(nach Mihaly Csikszentmihalyi)

1. Versuchen Sie, jeden Tag über etwas zu erstaunen.
2. Versuchen Sie, jemanden mindestens einmal am Tag in Erstaunen zu versetzen.
3. Beginnen Sie jeden Tag mit einem Ziel, auf das Sie sich freuen können.
4. Alles, was Sie gut tun, bereitet Freude.
5. Um die Freude an einer Tätigkeit zu erhalten, müssen Sie die Komplexität dieser Aufgabe steigern.
6. Teilen Sie sich Ihre Zeit selbst ein.
7. Nehmen Sie sich Zeit für Reflexion und Entspannung.
8. Gestalten Sie Ihren Raum.
9. Finden Sie heraus, was Sie am Leben lieben und was Sie stört.
10. Tun Sie mehr von dem, was Sie mögen, und weniger von dem, was sie stört.
11. Fördern Sie Ihre weniger gut entwickelten Fähigkeiten.
12. Wechseln Sie zwischen Offenheit und Verschlossenheit.

13. Streben Sie nach Komplexität.
14. Bringen Sie zum Ausdruck, was Sie bewegt.
15. Betrachten Sie Probleme aus möglichst vielen Blickwinkeln.
16. Ermitteln Sie die verschiedenen Aspekte/Ursachen eines Problems.
17. Setzen Sie die Lösung um.
18. Produzieren Sie so viele Ideen wie möglich.
19. Entwickeln Sie möglichst verschiedene Ideen.
20. Versuchen Sie, möglichst ausgefallene Ideen zu entwickeln.

Umfeld aufwachsen, können sie sich bis zu einem gewissen Alter ihre natürliche Neugierde bewahren. Damit diese aber dauerhaft erhalten bleibt, müssen die Interessen und Fähigkeiten der Kinder permanent genährt werden, um sich auch weiterentwickeln zu können. Die natur-gegebene Wissbegierde von Kindern können Sie sich auch bei der Motivation im Unterricht zu Nutze machen.

1. Nicht für die Schule lernen wir ...

Eine recht konventionelle Art, die Schüler zu motivieren ist immer noch, ihnen zu verdeutlichen, dass sie nicht nur für die Schule lernen, sondern das Gelernte auch außerhalb der Schule brauchen. Allerdings sollte dieser Hinweis nicht in Form der häufig bemühten Aussage: „Sieh zu, dass du was lernst, dann bekommst du auch einen guten Job und hast ein gutes Leben," erfolgen. Zudem gilt die Aussage nicht für jeden Lerninhalt. Einige Dinge, die wir in der Schule lernen, benötigen wir tatsächlich danach nie wieder. Was uns zeigt, dass wir als Lehrer auch verpflichtet sind, möglichst nur das zu vermitteln, was man im Leben auch wirklich braucht und anwenden kann.

In Zeiten hoher Arbeitslosigkeit und damit verbundenem höherem Wettbewerb ist aber auch der Hinweis auf „einen guten Job" gar nicht so abwegig. Gerade Schüler der höheren Klassen spüren in den Bewerbungsphasen den zunehmenden Druck und merken, dass Ihre Chancen auf dem Arbeitsmarkt doch sehr von ihrer Qualifikation abhängen. Leider zählen heute sogar Universitätsabsolventen immer häufiger zu den Arbeitslosen, sodass eine hohe Qualifikation nicht als Garant für einen Arbeitsplatz gelten kann. Trotzdem verbessert ein höherer Schulabschluss die Chancen, sich auch wirklich den Beruf aussuchen zu können, den man gerne ausüben möchte. Es ist wichtig, den Schülern auch diese harten Fakten vor Augen zu führen. Es sind nicht die Schulnoten allein, die auf dem Arbeitsmarkt über Haben oder Nicht-Haben bestimmen, aber sie öffnen auf alle Fälle die eine oder andere Tür.

Wenn Sie nicht die Bedeutung von guter Leistung allgemein, sondern die von besonderen Kenntnissen oder Fähigkeiten hervorheben wollen, sollten Sie nach Bereichen aus dem Alltag suchen, in denen diese Kenntnisse und Fähigkeiten besonders wichtig sind. Machen Sie den Schülern deutlich, welche Verbindung zwischen dem Lernstoff und der Lebenswirklichkeit besteht. Erklären Sie z.B. nicht nur eine Matheformel, sondern zeigen Sie gleichzeitig Anwendungsbeispiele aus dem Alltag. Die Schüler sollen erkennen, dass das Lösen einer mathematischen Gleichung relevant sein könnte für den morgigen Basketballwurf, den Autokauf oder die Wohnung, die sie später mal beziehen werden. Der Unterricht ist nur dann wirksam, wenn er von Zielen geleitet wird, die nicht nur für den heutigen Tag gelten, sondern auch darüber hinaus. Zeigen Sie Ihren Schülern, was sie mit dem Gelernten anfangen können, wie es ihr Leben bereichert und sie in ihrem Tun selbstständiger macht. Es ist eine entwicklungspsychologische Binsenweisheit, dass Kinder am besten lernen, wenn sie eine Beziehung zwischen dem Lernstoff und ihren Interessen oder Lebenserfahrungen erkennen können. In dem Zusammenhang empfiehlt es sich auch außerschulische Lernorte aufzusuchen und z.B. in Handwerksbetrieben vor Ort den Sinn und Nutzen von Flächenberechnungsformeln oder der Prozentrechnung zu erfahren.

Wenn Sie Ihre Schüler auf die Zukunft und das Leben draußen vorbereiten wollen und Ihre Unterrichtsinhalte danach auswählen, ob sie ihnen zukünftig nützlich sein werden, sollten Sie bedenken, dass Kinder und Jugendliche ein anderes Zeitempfinden haben als erwachsene Menschen. Ein Oberstufenschüler wird unter Zukunft vielleicht die nächsten drei Jahre bis zum Studium verstehen, ein Siebtklässler vielleicht die kommenden Sommerferien und ein Grundschüler möglicherweise nur die nächsten drei Wochen. Einen Siebtklässler wird es nur wenig interessieren, wie er mit dem Kauf von Aktien sein Erspartes aufbessern kann – bei einem Oberstufenschüler könnte das schon anders sein. Dies sollten Sie bei der Auswahl Ihrer Themen bedenken. Die schöne Eigenschaft von Aufgaben „schülernah" zu sein wird schnell überstrapaziert, wenn man eigentlich gar nicht richtig weiß, was sich im Leben der jungen Generation abspielt. Ständig wachsen neue Schülergenerationen heran, von denen man sich als Lehrer immer weiter entfernt. Darauf sollten Sie sich einstellen und Ihr Aufgabenrepertoire und Ihre Themenauswahl danach ausrichten. Sie sollten kein Zugeständnis darstellen, sondern aus dem Alltag der Schüler erwachsen.

Noch ein grundsätzlicher Tipp: Machen Sie Werbung für Ihr Fach! Die beste Reklame ist immer noch ein Lehrer, der etwas von seinem Fach versteht und es auch ausstrahlt. Das ist die beste Form der Schüler-Motivation. Ein Lehrer, der mit Freude unterrichtet, der es versteht, sein Fach spannend zu verkaufen, der stets auf dem Laufenden ist und die neuesten Errungenschaften seines Sachgebietes kennt, wird es auch schaffen, seine Schüler mitzureißen.

Wenn auch nicht alle Schüler dieses Fach dann zu ihrem Steckenpferd machen werden, bleiben sicherlich ein paar wichtige Kenntnisse hängen. Auf jeden Fall ist aber ein solcher Unterricht spannend und motivierend. Wenn Sie Ihr Fach wirklich lieben, werden Ihre Schüler das auch merken. Und unter uns: Falls Sie sich rein gar nicht mit ihrem Fach identifizieren können, sollten Sie darüber nachdenken, warum Sie es trotzdem unterrichten.

© Verlag an der Ruhr | Postfach 10 22 51 | 45422 Mülheim an der Ruhr
www.verlagruhr.de

2. Basiswissen sichern

Alle Schüler sollten am Ende ihrer Schulzeit die Basiskompetenzen Lesen, Schreiben und Rechnen sicher beherrschen sowie Grundlagenwissen in den verschiedenen Schulfächern vorweisen können – daran führt kein Weg vorbei. Ihre Aufgabe als Lehrer ist es, den Schülern zu Lernfortschritten in allen diesen Bereichen zu verhelfen. Dabei kommt man zum Teil nicht um eindringliche Konfrontationen herum. Verweigerungen der Schüler sind oftmals Zeichen von Furcht und Unsicherheit (siehe S. 15f.). Schüler, die wenig Erfolge vorweisen können und denen Lernen schwer fällt, verlieren schnell das Interesse, sind unmotiviert und resignieren leicht – noch schlimmer: Ihr Desinteresse wird ihnen häufig als Dummheit und Faulheit ausgelegt, bis sie schließlich selbst daran glauben. Diesem Glauben müssen Sie als Lehrer mit allen Mitteln entgegenwirken. Manchmal hilft hier ein offenes Wort unter vier Augen:

„Daniel, du arbeitest so gut wie nie im Unterricht mit und bist immer mit anderen Dingen beschäftigt. Ich habe dich darauf schon mehrfach aufmerksam gemacht, ohne dass sich etwas geändert hätte. Ich würde gerne den Grund dafür kennen. Ich persönlich habe den Eindruck, dass du erst gar nicht versuchst, dich zu beteiligen, um keine Fehler zu machen und möglichst wenig von dir preiszugeben.

Interessant ist, dass gerade du, der immer als ziemlich cooler Typ auftritt, im Unterricht, wenn's darauf ankommt, einer der Zurückhaltendsten bist.

Wenn man nichts für die Schule tut, geht man erst mal auf Nummer sicher. Das tun aber gewöhnlich nur ängstliche Menschen. Ich kann das auch gut nachvollziehen. Manchmal verhalte ich mich genauso. Man muss ziemlich mutig sein und auch mal ein Risiko eingehen, wenn man

Einsatz im Unterricht zeigt. Denn es kann immer sein, dass man trotz Bemühen etwas Falsches sagt oder macht. Ich kenne mittlerweile deine Stärken ganz gut, auch wenn du es mir ziemlich schwer machst, sie zu entdecken. Deshalb weiß ich, dass du mehr auf dem Kasten hast, als du zeigst. Ich würde mich freuen, wenn du dich mit derselben Bestimmtheit an den Unterricht begibst, mit der du normalerweise auftrittst."

 Fragen zum Nachdenken:

* **Wann macht ihnen selbst der Unterricht am meisten Spaß?**
* **Wie gehen Sie an Aufgaben heran, die Ihnen lästig oder unangenehm sind?**
* **Wie und wann lernen Sie am besten?**
* **Welches war die schönste Unterrichtsstunde, die Sie in letzter Zeit gehalten haben? Warum?**
* **Welches war die unangenehmste Stunde, die Sie in letzter Zeit gehalten haben? Warum?**

3. Stellen Sie Ihre Schüler vor Herausforderungen

In unseren Seminaren fordern wir unsere Teilnehmer manchmal dazu auf, mit einem Partner zusammen den Buchstaben „e" auf einem Penny-Stück zu zählen. Die Teilnehmer bekommen genau eine halbe Minute Zeit dafür. Fast alle führen diese Aufgabe aus, ohne sie zu hinterfragen, und die meisten fahren mit dem Zählen sogar noch fort, wenn die Zeit abgelaufen ist. Natürlich sind die Seminarteilnehmer hinterher auch an der Lösung interessiert. Sie reagieren allerdings recht irritiert, wenn wir ihnen mitteilen, dass wir die Lösung selbst nicht kennen, da wir nie selbst nachgerechnet haben. Obwohl dieser harmlose Spaß für uns an sich schon einen gewissen Reiz hat, ist der Sinn dieser Aktion ein anderer: Es geht uns in erster Linie darum, zu zeigen, dass wir eine große Gruppe von intelligenten Menschen dazu motivieren konnten eine relativ unsinnige Aufgabe auszuführen. Der Anreiz dafür liegt in der Aufgabe selbst: Sie ist ungewöhnlich, daher auch mit Spaß verbunden. Und sie stellt eine gewisse Herausforderung dar, da die Teilnehmer natürlich in einen Wettbewerb untereinander treten. Diese beiden Aspekte machen aus einer einfachen Aufgabe eine interessante Herausforderung, die anzugehen sich lohnt. Diesen simplen Trick können Sie sich als Lehrer auch im Unterricht zu Nutze machen. Verpacken Sie Aufgaben einfach so, dass sie zu kniffligen Rätseln werden, oder bieten Sie einen äußeren Anreiz für die Lösung bestimmter

Aufgaben, in dem Sie z.B. einen Wettbewerb anregen.

Die Aufgaben, die Sie auf diese Weise präsentieren, sollten aber zwei Grundsätzen folgen: Die Ergebnisse, die die Schüler abliefern, müssen eindeutig und anhand bestimmter Kriterien überprüfbar sein. Und es muss eine klare Zeitvorgabe geben, damit allen die gleichen Chancen zustehen.

 **Stehen Sie zu Ihren Fehlern**

Wir vergessen als Lehrer manchmal, dass wir nicht unfehlbar und allwissend sein müssen, um erfolgreich zu unterrichten. Niemand erwartet von einem Lehrer, dass er auf seinem Gebiet ein wandelndes Lexikon ist, auch wenn er sein Fach gut und gründlich studiert hat. Im Gegenteil, es kann für einen Schüler sehr ermutigend sein, zu sehen, dass ein Lehrer auch mal Fehler macht und sich zu ihnen bekennt. Bleiben Sie daher stets authentisch und versuchen Sie nicht im Unterricht Schwächen oder Wissenslücken zu überspielen. Das wirkt auf Schüler viel hilfloser, als wenn Sie offen gestehen, dass Sie etwas nicht wissen und sich selbst erst schlau machen müssen. Gehen Sie offensiv mit solchen Situationen um und bedanken Sie sich bei Ihren Schülern, wenn sie Sie auf Fehler in Ihren Ausführungen aufmerksam machen. Auf manchen Gebieten werden Sie Ihren Schüler ohnehin hoffnungslos unterlegen sein. Scheuen Sie sich daher nicht, sie auch mal als Experten um Rat zu fragen.

Auf diese Weise leben Sie auch den Schülern vor, was Sie im Unterricht von ihnen verlangen, nämlich aus Fehlern zu lernen.

 **Helfen Sie den Schülern, sich Ziele zu setzen**

Um erfolgreich lernen zu können, muss man sich Ziele setzen. Im Unterricht sind es in der Regel Sie selbst, die über Ziele bestimmen. Im Idealfall sollten diese Ziele aber von den Schülern selbst aufgestellt werden, denn erst dann sind sie für sie wirklich nachvollziehbar und einschätzbar.

Die folgenden sieben Schritte können Schülern dabei helfen, sich eigene Lernziele zu setzen:

1. Setze dir ein wichtiges Ziel, das du unbedingt erreichen möchtest.

2. Stelle einen Plan zur Umsetzung des Ziels auf:
* Kannst du dieses Ziel sofort erreichen?
* Wenn nicht, welche Teilziele musst du auf dem Weg dahin erreichen?
* In welcher Reihenfolge musst du diese Teilziele angehen?

3. Was willst du dir gönnen, wenn du dein Ziel erreicht hast?

4. Gehe deinen Plan mit einem Lehrer, Elternteil oder guten Freund durch und überlege, ob sich dein Plan so verwirklichen lässt.

5. Setze einen Zeitrahmen fest, innerhalb dessen du deine Ziele erreichen willst.

6. Versuche nacheinander jedes Teilziel zu erreichen und gleiche sie mit deinem Plan ab:
* Hast du deine Ziele verwirklichen können?
* Welche sind auf der Strecke geblieben?
* Was waren die Gründe dafür?

7. Gönne dir eine Belohnung, wenn du ein Ziel erreicht hast.

 **Helfen Sie Schülern sich zu organisieren**

Von Schülern wird erwartet, dass sie tagtäglich jede Menge Informationen verarbeiten und möglichst viele davon auch behalten. Daher ist die Organisation des Lernens besonders wichtig. Leider führen viele Schüler außerhalb der Schule meist ein recht unorganisiertes Leben. Rituale und feste Abläufe werden im Familienleben kaum noch gepflegt. Meistens werden Dinge erledigt, so wie sie kommen, oder man organisiert das Familienleben gerade mal für den kommenden Tag – je nach Terminen und Erledigungen, die zu machen sind. Kindern und Jugendlichen fällt es daher sehr schwer, sich selbst und auch ihr Lernen zu organisieren, da die äußeren Strukturen fehlen oder nur wenig verbindlich sind.

Viele Schüler wissen daher auch noch in den höheren Klassenstufen nicht, wie man an bestimmte Aufgaben herangeht, wie man sich Informationen beschafft oder die Arbeit effektiv aufteilt.

Unstrukturiertes Arbeiten ist für die meisten ganz normal. Damit Schüler jedoch selbstständig und erfolgreich lernen können, brauchen sie feste Abläufe, Regeln und Strukturen als äußeren Rahmen. Helfen Sie Ihren Schülern, diesen äußeren Rahmen zu gestalten. Eine gewisse Struktur ist bereits durch den Stundenplan vorgegeben. Genauso wichtig ist aber auch eine erkennbare Struktur einzelner Stunden. Darin sollten sich Phasen der Konzentration mit Phasen der Ruhe und Entspannung abwechseln. Feststehende Abläufe und gemeinsame Rituale helfen den Schülern sich zu organisieren und bringen einen wiederkehrenden Rhythmus in den Tagesablauf.

Wichtig für das selbstständige Lernen ist auch ein strukturiertes Lernumfeld. Die Schüler sollten alle für den Unterricht nötigen Materialien dabei haben oder sie in der Klasse aufbewahren dürfen. Für alle Materialien sollten Sie gemeinsam feste Aufbewahrungsorte festlegen, z.B. beschriftete Regale, Kartons o.Ä., und mit den Schülern Regeln vereinbaren, wie mit den Lernmaterialien umzugehen ist.

▶▶ Schlusswort

Schüler, die zu Auffälligkeiten neigen, haben meist große Probleme damit, sich auf neue Herausforderungen einzustellen. Besonders in den Übergangsphasen des Unterrichts – z.B. in der Einführungsphase, in der das Thema der Stunde vorgestellt wird – fällt es diesen Schülern häufig schwer, ihre Aufmerksamkeit auf die Sache zu lenken. Sie können diesen Schülern (optische) Hilfen anbieten und ihnen damit helfen, dem Stundenverlauf zu folgen. Das kann z.B. ein Tagesplan in Form einer Checkliste sein, den Sie zu Beginn einer Unterrichtseinheit aushängen oder eine Art Cluster, mit dem sie die verschiedenen Themenbereiche einer Unterrichtsreihe verdeutlichen. Mit diesen Orientierungshilfen helfen Sie den Schülern den Überblick zu behalten und ihren Lernprozess zu strukturieren.

Kindern und Jugendlichen, denen es schwer fällt, Aufgaben termingerecht zu erledigen, helfen Sie mit Wochenplänen, in denen sie das Lernpensum festhalten. Auch notorischen Hausaufgabenverweigerern können Sie entgegenwirken, indem Sie mit den Eltern Vereinbarungen treffen und ihnen die Hausaufgaben vorab (z.B. per Email) zukommen lassen.

 **7.** Nehmen Sie Probleme zum Anlass für Lernprozesse

Manche Probleme, die sich im Schulalltag ergeben, können zu wunderbaren Anlässen für Neuerungen werden. Wenn Sie sich permanent über die Nachlässigkeit und Unordnung Ihrer Schüler ärgern, bringt es wenig darüber nur laut zu stöhnen. Nutzen Sie statt dessen diesen Missstand, um einen Lernprozess in Gang zu bringen. Die Gestaltung eines Klassenraums kann z.B. ein wunderbarer Anreiz sein, um endlich einmal Ordnung zu machen – insbesondere auch unter den Tischen. Wenn Sie ein Problem kollektiv angehen, fällt es nicht weiter auf, ob es nur eine spezielle Schwäche einzelner Schüler ist oder ob alle davon betroffen sind. Die Schüler fühlen sich nicht diskriminiert und gehen motivierter an die Sache heran. Außerdem können die „besser Organisierten" denjenigen helfen, denen es schwerfällt Ordnung zu halten, und mit ihnen gemeinsam die Klasse auf Vordermann bringen.

Jedes Problem kann auf diese Weise zu einem Anreiz fürs Umdenken, Neu-Organisieren und nicht zuletzt fürs Lernen werden.

Machen Sie deutlich, dass die Beherrschung der Lerninhalte wichtig ist. Unterricht ist nur wirksam, wenn er im Zusammenhang der bisherigen Lernerfahrungen der Schüler steht. Die Schüler müssen daher Neues mit bereits Gelerntem verbinden und das Gelernte wiederum mit ihrer Lebenserfahrung in Verbindung bringen können. Das bedeutet konkret, dass Themenbereiche aus der Lebenswirklichkeit der Kinder und Jugendlichen stammen sollten und sich auf diese anwenden lassen sollten. Zeigen Sie am Ende einer Unterrichtsstunde mit Bezug auf praktische Anwendungsbeispiele, dass die Schüler das Gelernte tatsächlich gebrauchen können. Oder stellen Sie die Schüler vor ein (mathematisches) Problem, dass tatsächlich etwas mit dem Leben zu tun hat. Wählen Sie dazu Themen aus, die tatsächlich aus der Lebenswirklichkeit der Kinder und Jugendlichen stammen und es nicht nur vorgeben. In Schulbüchern findet man oft Aufgaben, die „pseudo"-schülernah sind. Da geht es um Klassenfahrten, die die Schüler einer Schule XY planen, um Preise für Schulhefte und Malfarbkästen oder um die Berechnung von Löhnen für irgendwelche Ferienjobs. Das alles hat wenig mit der Lebenswirklichkeit der Schüler zu tun, sondern ist der Ausdruck hilfloser Bemühungen um Schülernähe.

Machen Sie es besser und gehen von tatsächlichen Problemen der Schüler aus:

Natürlich kann eine Aufgabe mit einer Klassenfahrt verknüpft sein, aber es sollte die eigene sein. Genauso können Aufgaben rund um Ferienjobs sinnvoll sein, aber bitte mit realem Hintergrund:

* Welche Ferienjobs können Jugendliche in unserer Stadt machen?
* Welche Voraussetzungen muss man dafür mitbringen?
* Wie ist die Bezahlung?
* Zahlen Jugendliche auch Steuern?
* Wie lange muss ich arbeiten, wenn ich mir am Ende der Ferien dieses oder jenes kaufen will? Diese und andere Fragen zum Thema stellen einen echten Bezug zum Leben her und sorgen dafür, dass Aufgaben nicht im luftleeren Raum bearbeitet werden.

▶▶ Schlusswort

Versuchen Sie zu jeder Unterrichtseinheit oder- reihe einen praxisorientierten Bezug zu finden. Beziehen Sie sich auf alltägliche Themen oder wählen Sie aktuelle Anlässe für Unterrichtsreihen. Diese können – wenn sie sich aus Alltagssituationen spontan ergeben – möglicherweise mit Ihrer Planung kollidieren. Aber es lohnt sich ein Thema zu einem Zeitpunkt aufzugreifen, wenn sich eine echte Gelegenheit dazu bietet, und das Schülerinteresse da ist, anstatt sie später dem Desinteresse der Schüler zum Trotz „durchzuziehen".

8. Betonen Sie Erfolge statt Fehler zu beanstanden

Motivation erwächst aus Erfolgen. *„Nichts ist erfolgreicher als der Erfolg"*, sagt deshalb auch ein bekanntes Sprichwort. Nun kann man nicht allen Schülern permanent Erfolge bescheren. Zum Lernen gehören Niederlagen und Einbrüche genauso dazu – schließlich ist nicht jeder – Erwachsene genauso wie Schüler – gleichbleibend leistungsstark und motiviert. In einem guten Unterricht wird es den Schülern jedoch schwer gemacht, Misserfolge zu erleben. Ein solcher Unterricht richtet sich nach dem, was Schüler können und nicht nachdem, was sie nicht können. Diese Einstellung hilft, Erfolge zu ermöglichen und dennoch Erwartungen an die Lernenden zu stellen. Sie weckt bei den Schülern Selbstvertrauen und Zuversicht in die eigenen Stärken. In dem Zusammenhang erinnere ich mich an einen Lehrer, der sehr eigenwillig auf die Fehler seiner Schüler reagierte. Einer seiner speziellen Kommentare war beispielsweise:

„Das ist einer der besten Fehler, die mir heute aufgefallen sind. Und das kann man von ihm lernen ..."

Oder: *„Euer betretenes Schweigen ist eine sehr nachvollziehbare Reaktion auf das heutige Thema. Der Zitronensäurezyklus gehörte auch nicht zu meinen Lieblingsthemen – bis ich ein viel unangenehmeres Thema entdeckte ..."*

Wenn er eine nicht bestandene Arbeit zurückgab, bemerkte er zum Beispiel: *„Die Aufgaben 4, 5 und 7 hast du gelöst; 2, 3 und 9 sind leider falsch. Diese bezogen sich auf Flächen- und Kreisberechnung und das werde ich heute wiederholen. Wenn du deine Note verbessern willst, solltest du diese Aufgaben noch mal durchgehen. Meinen Glückwunsch für die gelösten Aufgaben."*

▶▶ Schlusswort

Leiten Sie Kritik oder einen Verbesserungsvorschlag immer mit einem anerkennenden Kommentar ein, der sich auf eine Leistung bezieht, die man lobend erwähnen kann. Keineswegs geht es dabei aber um Lobhudelei – auch Fehler müssen klar benannt werden, sonst werden Schüler die eigene Leistung nicht richtig einschätzen können und nicht genau wissen, in welchen Bereichen sie sich noch anstrengen müssen.

9. Legen Sie den Schwerpunkt auf den Lernprozess

Das Lernen ist eine lange Reise und kein Kurztrip – diesem Leitgedanken sollte guter Unterricht folgen. Meistens ist er aber doch sehr auf das Ergebnis – z. B. die nächste Klassenarbeit – ausgerichtet. Was zählt, sind letztendlich vorzeigbare Ergebnisse: Kann der Schüler schriftlich multiplizieren; beherrscht er die Konjugation unregelmäßiger Verben; weiß er, wie die Hauptstadt Chiles heißt? Das sind natürlich alles wichtige Lernziele, aber genauso wichtig ist der Weg dahin. Beurteilt werden sollte auch der persönliche Lernfortschritt der Kinder und Jugendlichen:

* Was haben sie dazugelernt?
* Können sie heute mehr als noch vor einer Woche?
* Wie haben sie sich das neue Wissen erarbeitet?
* Waren große Anstrengungen nötig?
* Mussten Sie sehr viel helfen?
* Wo war Hilfe nötig?

Wenn Sie Ihr Augenmerk auf diese Aspekte des Lernprozesses richten, werden Sie am Ende nicht nur wissen, was die Schüler können, sondern auch, wie sie es erreicht haben. Lernen und Leisten werden so zu einem Prozess, bei dem Lernprobleme überwunden und Aufgaben bewältigt werden. Das setzt aber auch voraus, dass Sie als Lehrer die individuellen Fähigkeiten Ihrer Schüler nicht nur richtig einschätzen, sondern in Ihrem Unterricht auch einbeziehen und auf sie eingehen – z.B. indem Sie die verschiedenen Lerntypen (vgl. dazu Howard Gardner: *Intelligenz. Die Vielfalt des menschlichen Geistes,* Klett Cotta, sowie Ellen Arnold: *Jetzt versteh' ich das!* Verlag an der Ruhr) berücksichtigen.

Neben Ihren alltäglichen Beobachtungen können Sie auf eine einfache Art und Weise zum Lernbegleiter für die Schüler werden. Führen Sie dazu in regelmäßigen Abständen „Interviews" in Ihrer Klasse durch mit Fragen zum Lernverhalten der Schüler.

Ein solcher Fragenkatalog könnte folgendermaßen aussehen:

1. **Bei welcher Aktivität warst du im Unterricht in letzter Zeit besonders erfolgreich?**
2. **Warum konntest du diese Aufgabe besonders gut lösen?**
3. **Hat dir jemand geholfen? Welche Hilfe hast du bekommen?**
4. **Wann gelingen dir Dinge im Unterricht besonders gut?**
5. **Welche Art von Regeln, welche Vorgehensweisen helfen dir beim Lernen?**
6. **Welches der vergangenen Unterrichtsthemen fandest du besonders gut?**
7. **Welches Thema lag dir überhaupt nicht? Was war der Grund dafür?**

Mit Hilfe dieser oder ähnlicher Fragen können die Schüler ihr eigenes Lernverhalten besser reflektieren und sich selbst einschätzen lernen und Sie gewinnen wertvolle Einblicke in den Lernprozess.

Sie können auch, wenn Sie Ihren Unterricht besser an den Bedürfnissen Ihrer Schüler ausrichten wollen, einen Ideen-Kasten im Klassenraum aufstellen, in den die Schüler ihre Vorschläge und Ideen für den Unterricht einwerfen. Zeigen Sie Ihren Schülern, dass ihre Ideen beachtet werden und setzen Sie diese nach Möglichkeit auch um.

10. Geben Sie statt nur zu nehmen

Als Lehrer fühlt man sich häufig als Entertainer, Dompteur, Animateur ... – warum also nicht auch die Vorteile unterschiedlicher Berufe nutzen? Haben Sie es schon mal als Verkäufer versucht? Sie können sich einen kleinen Verkaufstrick zu Nutze machen, um Schüler wieder für ein Thema zu gewinnen. Damit unmotivierte Schüler zum Lernen angeregt werden, muss man ihnen die Vorstellung, dass sich Fleiß und Einsatz in der Schule auszahlen, manchmal einfach schlichtweg „verkaufen". Dabei hilft uns ein kleiner psychologischer Trick, der in der Geschäftswelt gang und gäbe ist: Menschen tun eher das, was ihnen aufgetragen wird, wenn sie vorher etwas erhalten haben. Einige Unternehmen senden ihren Kunden Geburtstagsgrüße, weil sie wissen, dass dies beim nächsten Auftrag eine gewisse Verbindlichkeit erwirkt – denselben Zweck erfüllen Werbegeschenke, Treue-Rabatte etc.

Diesen – zugegeben nicht ganz „koscheren" – Trick können Sie zur Motivation der ganz schwierigen Fälle nutzen. Dabei stellen Sie den Schülern etwas in Aussicht, das sich diese ihrerseits erarbeiten können: ein Aufgabenpäckchen weniger bei den Hausaufgaben, eine Viertelstunde Freiarbeit o.Ä.

Auch kleine Aufmerksamkeiten der eher materiellen Art können
Schüler wieder motivieren: eine Glückwunschkarte zum Geburtstag,
eine Urkunde für eine besondere Leistung oder ein positiver Vermerk
im Heft als Notiz für die Eltern.

▶▶ Schlusswort

Denken Sie an all die kleinen Gesten, mit denen Ihre Mitmenschen Ihre
Leistungen honorieren. Welche von diesen würden Ihre Schüler unter
Umständen auch begrüßen? Denken Sie an Menschen, von denen Sie
sich gerne etwas sagen lassen, denen Sie gerne eine Gefälligkeit erwei-
sen. – Welche Eigenschaften haben diese, wie verhalten sie sich?

 11. Verlangen Sie mehr, als Sie eigentlich erwarten

Auch hier soll es wieder um einen kleinen psychologischen Kniff gehen, der auf den ersten Blick nichts mit Schule zu tun hat. Aber auch
dieser Trick ist – maßvoll eingesetzt – im pädagogischen Bereich völlig
legitim.

Wir erwarten von Schülern zunächst einmal an Kenntnissen und
Fähigkeiten immer das, was wir als Ziele für eine Unterrichtsreihe
festgelegt haben: je nach Leistungsstand der Schüler von dem einen
vielleicht nur die Grundlagen, von einem anderen darüber hinausgehende Kompetenzen. Sie würden vermutlich niemals auf die Idee kommen, von einem Schüler mehr zu verlangen, als er eigentlich leisten
kann. Das wäre auch höchst unpädagogisch, denn der betreffende
Schüler wäre vermutlich zum Scheitern verurteilt; es sei denn – und

auch das kann natürlich vorkommen – Sie haben ihn völlig unterschätzt.

Die Schüler im kleinen Stil zu „überfordern" kann aber auf die Motivation ihrer Schützlinge eine positive Wirkung haben. Sie werden sich sicherlich fragen wie. Nun, die meisten Menschen lieben es, Schnäppchen zu machen, weil sie dabei mehr bekommen als ursprünglich erwartet. Auch wenn die Ersparnis letztendlich nur gering ausfallen mag, ist das Entscheidende, dass etwas überhaupt reduziert wurde.

Unsere Wahrnehmung spielt uns hierbei einen Streich. Wenn der Preis einer Ware ursprünglich 100 Euro beträgt und der Verkäufer bereit ist auf 90 Euro runterzugehen, ist das objektiv gesehen zunächst kein besonders großer Unterschied. Die Tatsache allein, dass sich der Verkäufer auf einen Handel eingelassen hat, veschafft uns aber den Eindruck, dass man ein wirklich gutes Geschäft macht. Selbstverständlich wissen Einzelhändler um diese Tatsache und setzen den Preis etwas höher an, damit sie dann ein „Angebot" daraus machen können. Dieses Prinzip können Sie auch zur Motivation Ihrer Schüler anwenden, indem Sie Erwartungen formulieren, die nicht ganz angemessen sind, und sie dann wieder reduzieren, wobei Sie aber dabei das eigentliche Ziel durchsetzen. Auf diese Weise vermitteln Sie den Schülern das Gefühl, einen Kompromiss eingegangen zu sein. Das Prinzip lässt sich jedoch nur bei quantitativen Zielen anwenden. Es wäre in höchstem Maße unpädagogisch, Erwartungen zu formulieren, die die Schüler nicht erfüllen können, um dann mit einer „Reduzierung" zu demonstrieren, dass Sie sie eigentlich für unfähig halten (da Sie die Schüler offensichtlich überschätzt haben).

Bei der Aufgabenmenge können Sie jedoch nach eigenem Ermessen variieren. Wenn Sie zum Beispiel als Hausaufgabe zehn Divisionsaufgaben erwarten, erhöhen Sie das Pensum um fünf weitere. Das lässt Ihnen einen gewissen Spielraum für diejenigen Schüler, die recht unmotiviert an Hausaufgaben herangehen und grundsätzlich nur einen Teil davon erledigen.

12. Stellen Sie sinnvolle Hausaufgaben

Hausaufgaben können für Schüler, Lehrer und Eltern gleichermaßen unangenehm sein. Von den Schülern werden sie in der Regel nur als lästige Pflichtübung angesehen. Manche davon sind tatsächlich recht überflüssig und erwecken den Anschein nur um ihrer selbst willen gestellt zu werden oder um Eltern zufrieden zu stellen, die sich Sorgen machen, ihre Kinder würden in der Schule nicht genug lernen. Auch rein wiederholende Hausaufgaben sind auf Dauer nicht sinnvoll. Sie sollten sich mit Aufgaben abwechseln, bei denen die Schüler etwas für kommende Stunden vorbereiten oder in Erfahrung bringen. Auf jeden Fall sollten aber Hausaufgaben sinnvoll mit dem verknüpft sein, was zuvor im Unterricht behandelt wurde. Die Schüler sollten ihr Hausaufgabenpensum selbstständig erledigen können – ohne die Hilfe ihrer Eltern, die leider allzu häufig als Hilfslehrer eingespannt werden. Das Vermitteln von neuen Inhalten sollte auf keinen Fall Ziel der Hausaufgaben sein.

Damit Hausaufgaben sinnvoll und effektiv sind, müssen sie dem Leistungsstand der Schüler angepasst werden. Nicht jeder Schüler muss qualitativ und quantitativ dasselbe Pensum an Aufgaben erledigen. Individuell gestellte Aufgaben helfen den Schülern ihr Leistungsniveau zu verbessern und bereits vorhandene Fähigkeiten und Kenntnisse gezielt zu erweitern.

Wenn Hausaufgaben richtig ausgewählt werden, können sie dem Lehrer auch sehr viel Aufschluss über den häuslichen Hintergrund und das außerschulische Lernverhalten geben – vorausgesetzt natürlich, die Schüler erledigen Sie ohne fremde Hilfe. Aber selbst dann können Sie als Lehrer sehr viel daran ablesen, beispielsweise ob Eltern ihre Kinder bei den Hausaufgaben helfend betreuen oder möglicherweise – damit das Endergebnis stimmt – schon mal selbst daran „Hand anlegen".

Als Lehrer sollten Sie Ihren Schülern die Bedeutung der Hausaufgaben verdeutlichen und sie regelmäßig kontrollieren und auswerten. Spätestens zwei Tage nach Einsammeln der bearbeiteten Aufgaben sollte eine Rückmeldung erfolgen. Andernfalls verlieren sie ihren Sinn und Sie selbst den Überblick darüber, wer von den Schülern seine Hausaufgaben regelmäßig erledigt. Sie sollten daher für die Schüler transparent eine Liste führen, in der Sie den Stand der Dinge nachhalten können. Sonst widmen ausschließlich die pflichtbewussten Schüler den Hausaufgaben noch genügend Aufmerksamkeit, da sie ihre Note nicht durch ein Versäumnis gefährden wollen.

Sie können – wenn es das Thema möglich macht – auch freiwillige Hausaufgaben stellen. Das ist besonders bei der Wiederholung und Übung des Lernstoffes sinnvoll. Dazu können Sie entweder die gesamte Hausaufgabe zur freiwilligen Übung machen oder sie in ein Pflichtpensum und Zusatzübungen differenzieren. Die Schüler dürfen in diesem Fall selbst einschätzen, ob sie noch weiterer Übung bedürfen und weitere Aufgaben erledigen sollten oder ob sie mit dem Grundpensum auskommen. Allerdings sollten Schüler, die grundsätzlich eher ungern Hausaufgaben machen, sich diese Wahlmöglichkeit erarbeiten. Voraussetzung dafür sollte sein, dass ein gewisses Pflichtgefühl bei den Schülern besteht.

Lernstoff, der bei den Hausaufgaben geübt werden sollte, kann auch auf etwas unkonventionellere Art und Weise in Form eines Quiz abgefragt werden. Der Wettbewerbscharakter motiviert die Schüler auch über das Grundpensum hinaus zu üben.

Falls Schüler Hausaufgaben nachlässig oder gar nicht erledigen, ist es sinnvoller, statt sie dafür zu „bestrafen", sie für die erledigten Hausaufgaben zu belohnen. Ein Bonuspunkte-System, bei dem sich die „Hausaufgaben-Verweigerer" durch das Erledigen von Hausaufgaben etwas erarbeiten können – z.B. einmal eine Hausaufgabe weniger – erfüllt diesen Zweck sehr gut.

▶▶ Schlusswort

Teilen Sie die Hausaufgaben in zwei Kategorien ein: Zu der ersten Kategorie gehören absolut notwendige Übungen, zur zweiten darüber hinausgehende Aufgaben, die auf freiwilliger Basis erfolgen können. Setzen Sie außerdem für alle Schüler fest, welche Grundlagen sie beherrschen müssen und welche Erfolge Sie für sie anstreben. Auf dieser Grundlage sollten Sie die Auswahl der Hausaufgaben treffen, um jedem Schüler individuelle Förderung zukommen zu lassen.

Ein Belohnungssystem, wie das oben beschriebene, kann außerdem als besonderer Anreiz herangezogen werden.

13. Ermutigen Sie mit positiven Leitsprüchen

Viele Untersuchungen weisen die direkte Verbindung zwischen unserem Selbstbild und unserem Verhalten nach. Wir sind eher bereit uns an neue Herausforderungen zu wagen, je positiver unser Selbstbild ist und je positiver wir unsere Kenntnisse und Fähigkeiten bewerten.

Für die meisten Schüler stellt die Schule eine Herausforderung dar. Daher sind eine optimistische Grundhaltung und ein positives Selbstbild wichtige mentale Stützen für den Lernerfolg. Der Autosuggestion kommt dabei eine besondere Bedeutung zu. Wir können uns aus einem Tief selbst heraushelfen, wenn wir uns immer wieder vor Augen führen, was wir eigentlich können und wissen. Zu dieser Einstellung können Sie auch Ihren Schülern verhelfen. Erarbeiten Sie mit ihnen motivierende Leitsprüche und Slogans, die Sie dann in der Klasse aufhängen. Je nach Lerngruppe können diese natürlich abgewandelt werden, ihr Grundprinzip bleibt jedoch gleich: Sie verdeutlichen den Schülern ihre Stärken und ermutigen sie zum Weiterlernen.

Hier einige Beispiele für solche Motivationsposter:

Ich kann meine Ziele erreichen, wenn ich das will.

Ich lerne von Tag zu Tag mehr dazu.

Ich treffe meine eigenen Entscheidungen.

Ich hole mir die nötigen Informationen, wenn ich etwas nicht weiß.

Ich stehe zu dem, was ich tue.

Ich weiß, wo meine Stärken liegen.

Ich freue mich über meine Erfolge.

▶▶ Schlusswort

Die Schüler können solche Plakate selbst anfertigen und ausgestalten. Es gibt inzwischen auch im Handel Postkarten, Schilder und Plakate, auf denen Motivierendes zu lesen ist. Wenn Sie diese Aktion besonders angehen möchten, können Sie die Schüler auch solche Postkarten-Sprüche erfinden lassen, die sie z.B. an Freunde, Eltern oder Klassen-kameraden verschenken können. So bekommt die Aufgabe noch einen besonderen Sinn, denn die Schüler müssen sich dabei überlegen, was den Empfänger möglicherweise freuen und motivieren könnte.

An den Klassenraumwänden können solche Leitsprüche sehr aufheiternd wirken und zum Nachdenken anregen. Sie vermitteln – manchmal mit einer Portion Schmunzeln – ein „Das-klappt-schon"-Gefühl.

Fragen zum Nachdenken

1. Denken Sie an einen Ihrer früheren Lehrer oder eine Bezugsperson, die Ihnen das Gefühl der Zuversicht vermittelt hat. Stellen Sie sich diesen Menschen so gut wie möglich in den Situationen vor, in denen Sie diese Zuversicht empfunden haben. Was hat er/sie getan/gesagt, damit Sie an sich glauben konnten? Beschreiben Sie dieses Verhalten schriftlich.
2. Denken Sie an einen Ihrer Schüler, der offensichtlich nicht sein ganzes Potential ausschöpft. Was könnten Sie tun, um diesen Schüler genauso zu motivieren, wie es Ihr Lehrer/Ihre Bezugsperson von damals konnte?
3. Welche Hindernisse stellen sich Ihnen dabei in den Weg?
4. Welche Art von Hilfe schätzen Sie selbst in Momenten, in denen Sie vor schwierigen Aufgaben stehen? Könnten Sie diese Hilfe auch Ihren Schülern zukommen lassen?

AUTORITÄT RESPEKTIEREN

KAPITEL 3

▼▼ *Der Glaube an unsere eigenen Fähigkeiten, unsere Selbstständigkeit und Leistungsfähigkeit beeinflusst unsere Motivation maßgeblich. Menschen wollen respektiert werden und das Recht haben selbstbestimmt handeln zu können. Im Allgemeinen reagieren wir auf Forderungen mit Ablehnung, wenn wir uns durch sie eingeschränkt fühlen und nicht so verhalten dürfen, wie es uns angemessen erscheint. Viele Konflikte in der Schule entstehen aus genau diesem Grund.*

Manche Schüler empfinden ein gewisses Machtgefühl, wenn sie den Forderungen des Lehrers nicht nachkommen und Arbeiten verweigern. Obwohl sie in der Lage wären den Lernstoff kompetent zu erarbeiten, halten sie sich selbst von Lernerfolgen ab, weil sie ihre Unabhängigkeit betonen und von niemandem kontrolliert werden möchten. Ob es sich um starkes Autonomiebewusstsein der Schüler oder um den schwachen Einfluss des Lehrers handelt, Arbeitsverweigerungen sind ein ernstes Problem, das im Unterricht thematisiert werden sollte. Sanktionen helfen dabei in der Regel nicht, weil sie die Ablehnung gegenüber allem, was mit Schule zu tun hat, nur verstärken. Die Schüler müssen bereit sein, ihr Verhalten von sich aus zu ändern.

Damit das gelingt, ist es wichtig, ihre Selbstständigkeit und Selbstbestimmtheit nicht unterdrücken zu wollen, sondern sie statt dessen in einer angemessenen Art und Weise zu fördern und zu nutzen. Selbstständigkeit und Selbstbewusstsein sind an sich sehr positiv zu bewerten. Schüler müssen allerdings lernen, sie so zu definieren, dass sie sie beim Lernen nutzen können und sie nicht nicht in Aggressivität oder Passivität umsetzen. Das können sie, indem sie in der Schule Aufgaben übernehmen, innerhalb derer sie ein gewisses Maß an Eigenverantwortung übertragen bekommen – z.B. als Paten für die jüngeren Schüler oder als Verantwortliche für bestimmte Bereiche.

 **1.** Stellen Sie sich Lern-
verweigerungen mit Respekt

Schüler, die ihre Mitarbeit permanent verweigern, können einen Lehrer sehr frustrieren. Sie vermitteln einem das Gefühl, dass der Unterricht ein einziger Misserfolg ist. Nach einigen vergeblichen Versuchen, auf diese Schüler gezielt einzugehen, geben nicht wenige von uns irgendwann genervt auf und konzentrieren sich nur noch auf diejenigen, die sich für den Unterricht interessieren. Diese Reaktion ist eine Art Selbstschutz gegenüber der kontinuierlichen Ablehnung eines Schülers. Ein Lehrer sollte aber fähig sein, eine persönliche Beziehung zu seinen Schülern aufzubauen, ohne unangemessenes Verhalten persönlich zu nehmen.

Man kann „Lernverweigerer" viel eher zur Mitarbeit motivieren, wenn man sich davon frei macht, das Verhalten seiner Schüler grundlegend verändern zu wollen. Dabei ist es hilfreich herauszufinden, wo sich der Schüler positiv verhält, so dass man ihn ermutigen kann und nicht immer nur sein Verhalten bemängelt. So lernen z.B. Schüler, die nicht mitarbeiten wollen, aber zum Unterricht erscheinen, schon durch ihre bloße Anwesenheit einen Großteil des Stoffs. Sie wollen ihre Unabhängigkeit beweisen und sind daher nicht in der Lage uns ihre Lernerfolge auf konventionelle Art und Weise zu zeigen, da sie ja keine Hausaufgaben machen, sich nicht am Unterricht beteiligen oder unvorbereitet sind. Bei kleineren Tests werden die Ergebnisse daher oft dementsprechend schlecht ausfallen. Bei Klausuren schneiden diese Schüler allerdings nicht selten recht gut ab, denn wie gesagt: An Wissen mangelt es ihnen oft nicht. Solche Schüler kommen Arbeitsaufträgen viel eher nach, wenn man auf ihre positiven Verhaltensaspekte eingeht und nicht auf die negativen, die nur Unmut und Widerwillen zur Folge haben.

Beobachten Sie Ihre Schüler genau. Oft haben Schüler, die sich der aktiven Mitarbeit verweigern, Qualitäten in anderen Bereichen.

Vielleicht setzen sie sich für ihre Mitschüler ein, haben Spaß an Aktivitäten in der Gruppe oder können gut zuhören. Dies alles sind Aspekte, die sie positiv bewerten sollten. Machen Sie sich Notizen über Ihre Beobachtungen, z.B. auf einem speziellen „Beobachtungsbogen" oder in Form eines Tagebuches. Ihre Aufzeichnungen können Ihnen im Gespräch mit Ihren Schülern helfen.

Ein Beispiel:

„Katrin, ich weiß, dass ich dich ziemlich oft wegen der nicht gemachten Hausaufgaben nerven muss. Ich werde das wohl auch in Zukunft nicht lassen können, denn ich halte sehr viel von dir und bin der festen Überzeugung, dass du viel mehr kannst. Es ist schade, dass du so wenig von dem zeigst, was in dir steckt. Du kannst z.B. prima zuhören und gehst auf deine Mitschüler ein. Ich hoffe, dass du dich in Zukunft mehr in den Klassenverband einbringst. Wie auch immer, es ist gut, dass du da bist und so am Ball bleibst."

2. Beziehen Sie Ihre Schüler mit ein

Nach Eccles und Midgely (in: Azar, 1996) berichten Schüler an weiterführenden Schulen, dass sie viel weniger Möglichkeiten haben sich an Entscheidungen bezüglich des Verhaltens und Lernens im Unterricht zu beteiligen als an der Grundschule – obwohl Lerninhalte und das soziale Umfeld eine größere Herausforderung darstellen. Möglicherweise stellen sich im Laufe der Schulzeit immer größer werdende Motivationsprobleme, weil der Aufbau des Unterrichts und der Lehrplan weniger Freiraum gewähren. Man sollte versuchen diesem Prozess entgegenzuwirken. Man kann die allgemeine Motivation positiv beeinflussen, wenn man seine Schüler mehr in schulische Abläufe miteinbezieht.

Eine sinnvolle Methode ist sicherlich, sie beim Aufstellen, Überdenken und Verändern von Unterrichtsregeln und den möglichen Konsequenzen bei Nichtbefolgung dieser Regeln zu beteiligen. Einer meiner Kollegen und ich vertreten diesen Grundsatz schon lange. Viele Lehrer haben uns schon von besserer Disziplin und Motivation in den Klassen berichtet, in denen Schüler derartige Fragen mitdiskutieren können.

Es gibt einige bewährte Vorgehensweisen, wie man Schüler beim Aufstellen von Regeln einbeziehen kann. Das gelingt am besten, wenn diese Regeln die Autorität des Lehrers unterstützen. Der Lehrer sollte in letzter Konsequenz immer als Respektsperson angesehen werden. Es gibt verschiedene Regeln, die im Klassenverband aufgestellt werden können:

1. **Schüler können Regeln für den Lehrer festlegen, die sie nach ihrer Auffassung beim Lernen unterstützen. Eine solche Regel könnte lauten:** *„Der Lehrer sollte immer laut, deutlich und nicht zu schnell sprechen."*
2. **Möglich ist auch, dass die Schüler untereinander Regeln aufstellen, das heißt jeder für den anderen, z.B.** *„Man soll seinen Mitschülern nicht ins Wort fallen."*
3. **Eine weitere Alternative besteht in einer arbeitsteiligen Aufstellung von Regeln, wobei der Lehrer zunächst die Unterrichtsprinzipien festlegt, die das Lernen erleichtern (z. B. ein sicheres Lernumfeld). Die Schüler stellen dann weitere Regeln auf, die den entsprechenden Prinzipien zugeordnet werden können.**

Diese Regeln können z.B. auf einem Plakat zusammengestellt werden, das im Klassenraum aufgehängt wird. Auch ein „Regelheft" ist geeignet, in das jeder Schüler die gemeinsam beschlossenen Grundsätze einträgt.

▶▶ Schlusswort

Wählen Sie die Methoden aus, die Ihrem Unterrichtsstil, Ihrer Lehr-
philosophie und Ihrem eigenen Ermessen entsprechen. Der Schlüssel
zur Motivation ist das Mitspracherecht der Schüler. Die Art und Weise,
wie Sie dies umsetzen, sollte zu Ihren Zielen als Erzieher und Ihrem
Lehrstil passen.

3. Verweisen Sie auf die Stärken der Schüler

Hinter Arbeitsverweigerungen oder unangemessenem Verhalten, das die
Autorität des Lehrers in Frage stellt, verbirgt sich in den meisten Fällen
das Verlangen nach Selbstbestimmung. Indem sich Schüler entgegen
der Norm verhalten, beweisen sie sich selbst, dass sie Einfluss auf das
Unterrichtsgeschehen nehmen können. Eine recht einfache, aber dennoch effektive Methode, die dem Bedürfnis der Schüler nach Autono-
mie entgegenkommt und gleichzeitig eine Kooperation mit ihnen ermöglicht, ist: Lassen Sie Ihre Schüler genau wissen, was Sie wollen und
versichern Sie ihnen gleichzeitig, dass sie diesen Herausforderungen
auch gewachsen sind.

Ein Beispiel:

*„Evelyn, wir wissen beide, dass du durchaus fähig bist, dei-
ne Beiträge angemessen zu formulieren. Schön, dass du
dies auch tust!"*

Diese zweistufige Methode kann in fast jeder Situation angewandt
werden. Sagen Sie dem Schüler einfach Folgendes:

1. *„Wir wissen beide, dass du XY kannst!"*
2. *„Vielen Dank dafür, dass du das auch zeigst!"*

Eine sehr effektive Methode die Kooperation eines Schülers zu bewirken ist, dem Schüler zu danken, dass er das Richtige tut, bevor er überhaupt damit angefangen hat.

▶▶ Schlusswort

Finden Sie heraus, welche Verhaltensweisen Ihrer Schüler Sie stören und die Motivation der gesamten Klasse negativ beeinflussen. Testen Sie die oben beschriebene Methode an einem Schüler, der dieses Verhalten an den Tag legt.

4. Bitten Sie um Meinungsäußerungen

Schüler fühlen sich respektiert und beteiligen sich mit mehr Interesse am Unterricht, wenn man sie nach ihrer Meinung fragt und ihre Äußerungen auch einen gewissen Einfluss auf das Unterrichtsgeschehen nehmen. Man kann etwa ganz bestimmte Schüler um ihre fachspezifische Meinung bitten. Man fragt zum Beispiel einen recht uninteressierten Schüler, ob die Klasse als nächstes lieber Steine oder Mineralien untersuchen würde. Oder man wendet sich an eine Schülerin, die oft ziemlich schlechte Prüfungsergebnisse hat, und stellt ihr eine Frage, auf die keine spezifische Antwort gegeben werden muss:

„Wenn du Wissenschaftlerin wärst, welche Krankheit würdest du dann näher erforschen und bekämpfen wollen?"

Ein normalerweise recht aufmüpfiger Schüler wird aufgefordert, sich zu überlegen, wie man die anderen Schüler dazu bringen könnte, sich besser an die Regeln zu halten. Oder man fragt die Schüler nach geeigneten Fragen für einen bevorstehenden Test, die man – natürlich in etwas abgewandelter Form – stellen könnte.

▶▶ Schlusswort

Überdenken Sie folgende Punkte:
1. Welche fach- und verhaltensspezifischen bzw. zwischenmenschlichen Aspekte zeigen sich in der Klasse?
2. Führen Sie sich speziell für Ihr/e Unterrichtsfach/-fächer vor Augen, welche Lerninhalte Sie vermitteln wollen. Wenn es keine Rolle spielt, in welcher Reihenfolge bestimmte Themen behandelt werden (z. B. Baumarten), fragen Sie einige Ihrer eher unmotivierten Schüler, in welcher Abfolge Sie den Stoff durchnehmen möchten.
3. Finden Sie heraus, gegen welche Regeln permanent verstoßen wird. Dann sprechen Sie einen typischen „Regelbrecher" in einer ruhigen Minute an und fragen ihn, was man tun könnte, damit sich das Verhalten der Klasse bessert.

 Unterrichten ist angesagt

Es kann viel bringen, wenn Schüler mit in die Planung von Unterrichtsstunden oder bestimmten Unterrichtseinheiten einbezogen werden. Dazu gibt es verschiedene Möglichkeiten. Weniger interessierte Schüler können z.B. eine Unterrichtsstunde so gestalten, wie sie ihrer Meinung nach für die anderen interessant sein könnte. Damit die Stunde so gut wie möglich gelingt, können Sie Zeit, Thema und inhaltlichen Rahmen vorgeben, um eine gewisse organisatorische

© Verlag an der Ruhr | Postfach 10 22 51 | 45422 Mülheim an der Ruhr
www.verlagruhr.de

Struktur zu schaffen. Anhand dieser Hilfestellung entwickeln die Schüler dann eigenständig einen Unterrichtsplan. Die Schüler müssen jedoch nicht unbedingt darauf zurückgreifen, sie können ihren Verlaufsplan auch selbst entwerfen. Nach der Stunde wird gemeinsam besprochen, wie Sie und die Schüler den Unterricht erlebt haben. Dabei sollten sowohl die guten Aspekte als auch die Schwierigkeiten zur Sprache kommen. Viele Schüler werden so einsichtiger und aufmerksamer und manchmal auch respektvoller, weil sie gelernt haben, welche Probleme das Unterrichten so mit sich bringen kann.

▶▶ Schlusswort

Finden Sie heraus, welche Schüler sich häufig über Langeweile beschweren oder durch ihr Verhalten Desinteresse ausdrücken. Sagen Sie ihnen entweder persönlich oder in der Gruppe, dass Sie sich sehr über ihre motivierte Teilnahme und Mitarbeit am Unterricht freuen würden. Geben Sie zu, dass Sie nicht wirklich wissen, wie Sie sie dazu bringen können. Lassen Sie sie wissen, dass sie ihr Recht auf Eigenverantwortung akzeptieren, denn gerade das ist es ja, was die Schüler betonen wollen, wenn sie sich weigern mitzuarbeiten oder den Unterricht und das Lernen der anderen stören. Zählen Sie einige der als nächstes anstehenden Unterrichtsthemen auf und teilen dann diesen speziellen Schülern jeweils ein Thema zu. Oder Sie lassen sie selbst entscheiden, welches Thema sie in einer Unterrichtsstunde für Ihre Mitschüler interessant und unterhaltsam aufbereiten sollen. Legen Sie einzelne Planungsfristen fest (Zeitpunkte, an denen Sie überprüfen, wie weit die Schüler mit der Vorbereitung sind) und auch ein festes Datum für die „Schülerstunde". Denjenigen, die keine Unterrichtsstunde übernehmen bzw. erst gar nicht übernehmen wollen, sagen Sie, dass Sie das Unterrichten gerne für sie übernehmen, solange sie sich am Unterrichtsgeschehen beteiligen.

6. Übertragen Sie Verantwortung

Vor einiger Zeit beklagte eine erfahrene Lehrerin der Sekundarstufe I mir gegenüber das fehlende Verantwortungsbewusstsein vieler ihrer Schüler. Diese unterhielten sich dauernd im Unterricht und hörten nie zu. Drohungen oder das Angebot besseres Verhalten zu belohnen und auch viele andere Methoden blieben wirkungslos. Diese Lehrerin erkannte, dass die Klasse trotzdem sehr viel Kreativität zeigte, besonders, wenn sie in Kleingruppen aufgeteilt wurde, um gemeinsam eine Aufgabe zu bearbeiten. Ihre Schüler kamen meist zu guten Ergebnissen und stellten diese vor der ganzen Klasse mit Erfolg vor. Wir machten dieser Lehrerin den Vorschlag, innerhalb ihrer Klasse eine spezielle Gruppe zu formieren. Deren Mitglieder erhielten die Aufgabe, darauf zu achten, dass alle Arbeitsvorgänge im Unterricht korrekt ausgeführt werden. Diesen Schülern wurde außerdem die Autorität verliehen, Regeln durchzusetzen. Sie sollten die Mitschüler an die Vorgaben erinnern und auch mit Konsequenzen drohen, falls diese nicht eingehalten würden. Diese Strategie tat wahre Wunder. Die Lehrerin konnte sogar auf den Frust der „Leitgruppe" eingehen, denn diese hatte nun selbst mit dem Desinteresse ihrer Mitschüler zu kämpfen. Allein die Erfahrung, wie es sein kann, wenn einem immer wieder Respektlosigkeit entgegengebracht wird, führte zu einer deutlichen Änderung – sogar im Verhalten der schwierigsten Schüler.

▶▶ Schlusswort

Überlegen Sie, zu welchen Tageszeiten Ihre Schüler besonders unkonzentriert und auch beim Bearbeiten von Aufgaben eher unmotiviert sind.

Wenn Sie an einer weiterführenden Schule tätig sind, denken Sie an eine Klasse, bei der Sie des Öfteren Probleme mit verschiedensten Arten von Fehlverhalten haben. Beauftragen Sie drei oder vier Schüler, die notwendigen Anleitungen zu geben, damit ihre Mitschüler an allen Aktivitäten im Unterricht teilnehmen. Sie könnten sogar mögliche Konsequenzen besprechen, mit denen man rechnen muss, falls nicht mitgearbeitet wird. Sollten diese Schüler in ihrer Position auf Schwierigkeiten stoßen und frustrierende Erfahrungen machen, gehen Sie diese Probleme mit ihnen durch. Versuchen Sie dabei, deutlich zu machen, dass Sie sich in Ihrem eigenen Unterricht genauso um die Mitarbeit der Schüler bemühen müssen. Vergessen Sie auch nicht, ihnen für ihre Mithilfe beim Unterrichten zu danken. Es ist ratsam, diese spezielle Gruppe wöchentlich neu zu formieren, je nachdem, wie oft Sie das Fach in dieser Klasse unterrichten.

 # 7. Achten Sie auf Schülernähe

Wenn Sie einen Schüler korrigieren müssen, achten Sie darauf, dass Sie ihn nicht vor allen anderen bloßstellen. Sie sollten ihm bei diesem persönlichen Gespräch direkt in die Augen sehen und versuchen, eine gewisse Nähe zu vermitteln. So kann ein Schüler sein Gesicht wahren und wird viel eher auf Ihre Verbesserungsvorschläge und Arbeitsaufträge eingehen. Eine andere Möglichkeit besteht darin, einem Schüler Ihre Anmerkungen schriftlich, z.B. auf einem kleinen Klebezettel bei der Rückgabe einer Klassenarbeit, mit auf den Weg zu geben.

▶▶ Schlusswort

Erstellen Sie Karteikarten mit Verbesserungsvorschlägen oder anerkennenden Bemerkungen. Laminieren Sie die Karten und geben Sie sie an die jeweiligen Schüler aus, wenn Sie das Problem oder eine bestimmte Leistung nicht vor der ganzen Klasse besprechen wollen. Weisen Sie Ihre Schüler darauf hin, dass die Karten zurückgegeben werden müssen.

8. Schüler zu Hause anrufen

Eine andere Methode, einen Schüler zur Mitarbeit zu bewegen und ihm gleichzeitig Respekt zu zeigen, ist, diesen zu Hause anzurufen. So haben Sie die Möglichkeit, völlig allein mit dem Schüler zu sprechen, ohne dass die Mitschüler Einfluss auf sein Verhalten nehmen können. Indem Sie sich die Zeit für diesen Anruf nehmen, signalisieren Sie dem Schüler auch, dass er Ihnen nicht egal ist und Sie sich für seinen Lernerfolg interessieren. Seien Sie sich im Klaren darüber, dass ein Anruf bei den Eltern, um das Verhalten ihres Sprösslings zu besprechen, eine ganz andere Wirkung hat. Manchmal wird auch dies unumgänglich sein, aber beim direkten Gespräch mit dem Schüler kann dieser mit Ihnen zusammen eine Lösung finden, die beide Seiten zufriedenstellt. Sie sollten allerdings vorab einen Termin vereinbaren, damit der Schüler vorbereitet ist.

▶▶ Schlusswort

Suchen Sie sich die Schüler heraus, die Ihnen sehr wenig interessiert erscheinen. Rufen Sie jeden dieser Schüler zu vorher vereinbarten Terminen an, bis Sie mit allen gesprochen haben. Stellen Sie fest, ob Ihr

Anruf etwas gebracht und sich das Verhalten der Schüler verbessert hat. Ist dies der Fall, können Sie erneut anrufen und eine positive Rückmeldung geben oder dem Schüler im vertraulichen Gespräch mitteilen, dass Sie mit seiner Leistungssteigerung zufrieden sind. Bei Schülern, die sich von Ihrem ersten Anruf nicht beeinflussen lassen, sollten Sie noch zwei- bis dreimal anrufen, bevor Sie über eine andere Strategie nachdenken.

9. Stärken hervorheben

Ein sehr effektiver Weg Schüler zu motivieren besteht darin, sie auf ihre bereits vorhandenen Fähigkeiten aufmerksam zu machen. Dazu sollten Sie Ihre Schüler sehr genau beobachten, damit Sie ihre Kenntnisse und Fähigkeiten gut einschätzen können. Hier kann Ihnen wieder ein Beobachtungsbogen oder Tagebuch helfen.

Zunächst sollten Sie Ihren Schülern mitteilen, wenn Sie bei ihnen positives Verhalten oder gute schulische Leistungen bemerken, und sie darin bestärken. Dann sollten Sie sie wissen lassen, dass ihre Erfolge nicht von ungefähr kommen, sondern mit ihren jeweiligen Fähigkeiten in Verbindung stehen. Die Schüler sollten sich bewusst werden, dass sie die Möglichkeiten für Lernerfolge bereits in sich tragen und ihre Fähigkeiten nur noch weiter ausbauen müssen.

Ein Beispiel (für ein Gespräch unter vier Augen):

„Max, du hattest bislang immer Schwierigkeiten, dich bei den Leseübungen zu konzentrieren. Heute hast du dich die ganze Zeit ruhig verhalten und gut mitgearbeitet. Ich freue mich, dass das so gut geklappt hat. – Kannst du dir vorstellen, woran das gelegen hat? War etwas anders als sonst?"

Wenn der Schüler nicht weiß, warum er sich heute so gut konzentrieren konnte, fragen Sie ihn, ob es an ihrem Gespräch mit ihm lag. Sagen

Sie ihm, dass Sie sich freuen würden, wenn er auch in Zukunft so weitermachen würde. Je mehr ein Schüler Erfolg mit seinen persönlichen Fähigkeiten und seiner Einsatzbereitschaft in Verbindung bringen kann, desto eher wird er das gewünschte Verhalten wiederholen.

▶▶ Schlusswort

Arbeiten Sie mit Ihren Schülern gemeinsam an ihren Stärken. Heben Sie die Erfolge Ihrer Schüler hervor – registrieren Sie dabei auch Teilerfolge. Sprechen Sie die Schüler auf Ihre Beobachtungen an und verstärken Sie die positiven Leistungen durch Lob und Anerkennung. Das langfristige Ziel dieser Strategie ist, dass die Schüler ihr Denken und ihre Aktivitäten mit positiven Verhaltensweisen kombinieren.

10. Kurzfristige Belohnungen

Didaktische Maßnahmen, mit denen das Verhalten der Schüler positiv beeinflusst werden soll, beschränken sich häufig auf kurzfristige Belohnungen. Dazu gehören z.B. Stempel, mit denen Hausaufgaben und schriftliche Arbeiten kommentiert werden, oder Ranglisten, auf denen besondere Leistungen hervorgehoben werden. Obwohl man damit schnell auf das Verhalten der Schüler einwirken kann, bleiben die so erwirkten Veränderungen selten erhalten. Positive Verstärker dieser Art werden meistens sehr inflationär eingesetzt und nutzen sich daher sehr schnell ab. Außerdem tragen sie dazu bei, dass die intrinsische Motivation verringert wird. Ansätze, die fast nur auf externe Anreize gründen, lassen die Schüler zuerst immer nach dem „Was ist dabei für mich drin?" fragen, bevor sie etwas leisten. Zu viele Schüler verinnerlichen mit der Zeit einen gewissen Anspruch auf diese Belohungen.

Obwohl man mit den oben genannten Belohnungen (externer Reiz) Gefahr läuft, die Motivation aus der Sache heraus (intrinsischer Reiz) zu gefährden, macht es – gut dosiert – Sinn, diese verhaltensregulierenden Methoden anzuwenden; jedoch nur, wenn das primäre Ziel darin besteht, eine schnelle Veränderung herbeizuführen.

▶▶ Schlusswort

Da diese Art von verhaltensmodifizierenden Methoden, die lediglich auf externen Reizen beruhen, nur eine sehr beschränkte Wirkung haben, sollten Sie auf diese nur zurückgreifen, wenn Sie das Verhalten der Schüler möglichst schnell ändern wollen. Wenden Sie ansonsten Methoden an, die den Schülern ihre Selbstverantwortung vor Augen führen. Nur so erreichen Sie letztlich langfristige Lernerfolge. Wie mit einer Kreditkarte, die kurzfristig fast jeden Kauf möglich macht, kann man auch mit externen Anreizen für die Schüler schnell viel erreichen. Aber auf lange Sicht führt diese Methode zum sicheren „Burnout" des Lehrers, wenn wir nur auf diese Weise Anreize vermitteln können. In erster Linie brauchen Schüler innere Stabilität, Stolz und Selbstvertrauen, um Motivation aufbauen und erhalten zu können.

11. Bieten Sie handfeste Alternativen an

Die vielleicht wirkungsvollste Methode zur Motivation der Schüler ist, ihnen direkte Kontrolle über ihr Lernen zu geben. Zu den Aufgaben des Lehrers gehört es, Lernstandards und grundlegende Unterrichtsprinzipien festzulegen. Schüler sollten jedoch ermutigt werden, sich daran so viel wie möglich zu beteiligen. Je mehr Schüler daran beteiligt sind, Unterrichtsthemen auszuwählen und zu bestimmen, wie ihre Leistungen am besten bewertet werden können, desto weniger müssen sie ihre Unabhängigkeit unter Beweis stellen. Der einfachste Weg, Schülern Selbstbestimmung zu ermöglichen, besteht darin, ihnen die Wahl zu lassen.

Ein Beispiel:

> *„Auf diese Fragen müsst ihr eine Antwort finden. Gegen Ende der Woche muss dieses Projekt abgeschlossen sein. Wollt ihr sofort damit anfangen oder Euch ein wenig Zeit lassen?"*

Auswahlmöglichkeiten können Teil von Hausaufgaben, Projekten, Tests und Klausuren sein. Ein Forschungsergebnis besagt: Je mehr man einem Menschen etwas verbietet, desto attraktiver erscheint ihm das verbotene Objekt. Wenn Sie Ihren Schülern sagen, dass sie bestimmte Dinge unterlassen sollen, werden sie möglicherweise genau diese Dinge tun wollen. Auch wenn Sie bestimmte Dinge einfordern, können Sie schon allein dadurch auf Ablehnung stoßen. Daher sollte man Forderungen an Schüler besser als Auswahlmöglichkeiten mit speziellen Folgen tarnen.

Ein Beispiel:

> *„Jenny, du meinst, dass es deine Sache ist, ob du deine Aufgaben jetzt machst oder nicht, und ich möchte dir nicht widersprechen. Du kannst entscheiden: Entweder du machst sie jetzt oder in deiner Freistunde. Du kannst frei entscheiden!"*

▶▶ Schlusswort

Oft ist es am besten, in Hinsicht auf die Arbeitsabfolge Auswahlmöglichkeiten anzubieten und die erwarteten Ergebnisse vorzugeben. Einige Schüler sträuben sich mit allen Mitteln an Aktivitäten teilzunehmen, bei denen sie ihrer Meinung nach „blöd" aussehen und sich so lächerlich machen. Der Sportunterricht ist nur ein Beispiel. Die Häufigkeit von Konflikten, bei denen die Schüler ihre Selbstbestimmung betonen wollen, lässt sich reduzieren, wenn man ihnen bis zu einem gewissen Grad freistellt, wie sie ein Lernziel erreichen. Ist es zum Beispiel wirklich notwendig, dass ein Unterstufenschüler mit Koordinationsproblemen das Federballspielen lernt? Wenn das zu erreichende Ziel in körperlicher Fitness besteht, könnte auch eine alternative Sportart zur Auswahl stehen. Allzu strenge Lehrpläne mit wenig flexiblen Lernprozessen ergeben zusammen eine schlechte Voraussetzung für das Unterrichten, denn Lehrer haben heutzutage wenig Druckmittel zur Hand, mit denen sie Schüler zur Mitarbeit bewegen können. Wir wissen alle, dass sich Schüler, die ständig uninteressiert im Unterricht sitzen, wenig von Drohungen, die Eltern anzurufen, die Note herabzusetzen oder nach dem Unterricht nachsitzen zu müssen, beeindrucken lassen. Wir tun besser daran, das allgemeine Lernziel im Auge zu behalten und konsequent zu sein, während man bei den Details Auswahlmöglichkeiten anbietet.

Fragen zum Nachdenken

1. **Listen Sie alle Verpflichtungen auf, mit denen Sie sich morgen konfrontiert sehen. Machen Sie hinter jede Aufgabe, die nur von Ihnen selbst übernommen werden kann, ein Sternchen. Alle anderen sollten Sie den Schülern übertragen, und zwar besonders denjenigen, die oft in unangemessener Weise versuchen, die Kontrolle über den Unterricht zu übernehmen. Überlegen Sie sich, welcher Schüler welche Aufgabe übernehmen könnte.**

2. **Nur wenige Menschen mögen es, wenn man ihnen sagt, was sie tun sollen. Dennoch geben wir dauernd Anordnungen und müssen auch häufig selbst welche befolgen. Stellen Sie sich**

die Frage, wie derartige Anweisungen in Ihrem Privat- oder Berufsleben an Sie gestellt werden oder wie Ihre Mitmenschen bestimmte Erwartungen an Sie formulieren sollten. Gibt es Menschen, die Ihnen wirksamer als alle anderen mitteilen, was Sie tun sollen? Schließen diese Personen Sie persönlich mit in die Entscheidungsfindung ein und fragen sie Sie nach Ihrer Meinung? Werden Sie von diesen mit Respekt behandelt? Worauf kommt es in diesem Zusammenhang an?

3. Überlegen Sie sich, in welcher Art und Weise Sie Ihre Schüler in die Organisation des Lernens oder der Unterrichtsabläufe einbinden wollen.

VERTRAUEN UND AKZEPTANZ AUFBAUEN

Die Prinzipien, die meine Kollegen und ich über Jahre hinweg in unseren Büchern und Artikeln erläutert haben, sind grundlegend für die Vermeidung von Disziplinproblemen. Diese Prinzipien haben uns ein gesundes Verhältnis zu den Schülern ermöglicht und sichergestellt, dass dieses auch bestehen bleibt – selbst wenn wir sie zur Ordnung rufen mussten. Mit der Motivation der Schüler verhält es sich ganz ähnlich. Es gibt einfach Situationen, in denen das Lernen keinen Spaß macht, weil die Schüler vielleicht nicht verstehen können, wofür sie den Stoff später noch brauchen, oder weil die Lerninhalte nicht auf die individuellen Lerntypen oder das jeweilige Können abgestimmt sind. Das Auswendiglernen der Multiplikationsreihen kann z.B. für viele Schüler eine recht mühsame Aufgabe sein – und trotzdem ist es notwendig. Es ist kaum möglich, diesen Stoff unterhaltsam zu verpacken.

Als mein Sohn im Physik-Leistungskurs ziemliche Probleme hatte, hat ihm und den anderen Schülern eine Aussage des Lehrers sehr geholfen. Denn dieser meinte, dass sie nicht erwarten sollten, dass sie den Stoff ohne Weiteres verstehen werden, denn sie wären noch dabei, die „Sprache der Physik" zu lernen. Er versicherte ihnen, dass später – wenn sie über alle notwendigen Grundlagen verfügten – alles einen Sinn ergeben würde. Die Schüler vertrauten dem Lehrer voll und ganz, denn er ging immer sehr fair und ehrlich mit ihnen um. Und er behielt Recht mit seiner Aussage. Es gibt also Momente, in denen es einem Lehrer möglich ist Motivation zu geben, weil er bereits eine gute Beziehung zu seinen Schülern entwickelt hat. Man häuft sozusagen mit der Zeit eine große Portion Wohlwollen seitens seiner Schüler an, auf das man zurückgreifen kann, wenn es nötig ist. In gewissen Momenten verlässt sich der Pädagoge also auf das gute Verhältnis zu seinen Schülern, um zu guten Leistungen anzuregen.

© Verlag an der Ruhr | Postfach 10 22 51 | 45422 Mülheim an der Ruhr
www.verlagruhr.de

1. Ermutigen und bestärken Sie Ihre Schüler

Schwierige Schüler machen einem Lehrer in besonderem Maße deutlich, dass sie selbst wichtiger sind als ihre Handlungen. Diesen Schülern muss klar sein, dass ihre Persönlichkeit uns viel mehr am Herzen liegt als ihr Verhalten, auch wenn unschöne Verhaltensweisen recht unangenehme Konsequenzen nach sich ziehen können. Das Ziel sollte darin bestehen, es den Schülern so schwer wie möglich zu machen, sich in unangemessenes Verhalten oder mangelndes Interesse zu flüchten. Einer uninteressierten Schülerin, die den Unterricht kontinuierlich stört, kann man zum Beispiel sagen:

„Linda, dein Verhalten ist mir wirklich peinlich und du enttäuschst mich sehr. Ich möchte mich nicht vor allen lächerlich machen und du wohl auch nicht. Wir müssen also sehen, wie wir zu einer Lösung kommen und uns wieder gegenseitig respektieren können."

Wenn diese Schülerin dann immer noch nicht bereit ist, ihr Verhalten zu ändern, könnte man so reagieren:

„Linda, ich muss dich leider auffordern, den Klassenraum zu verlassen, wenn das nicht aufhört. Ich hoffe, dass du dich dafür entscheidest hier zu bleiben, denn du bist ein wichtiges Mitglied der Klasse, aber wenn du dennoch gerne gehen möchtest, komm wieder, wenn du meinst, dass du dazu bereit bist."

Es ist wichtig, dass Schüler über die möglichen Konsequenzen ihres Verhaltens Bescheid wissen, aber genauso wichtig ist es, schwierigen Schülern das Gefühl zu geben, dass sie unentbehrlich sind. Wir sollten den Schülern die Verweigerung zu lernen so schwer wie eben möglich machen.

 **Hören Sie zu**

Schüler sind leichter zum Lernen zu ermutigen, wenn der Lehrer sich für ihre Rückmeldungen interessiert und entsprechende Anpassungen des Unterrichts vornimmt. Das Ganze sollte aber nicht in ungeordneten Kritikäußerungen bestehen. Diskussionen, zu denen der Lehrer ermutigt, sollten in vertrauensvoller Art und Weise durchgeführt werden. Fordern Sie Ihre Schüler zu entsprechenden Meinungsäußerungen auf und werten Sie diese genau aus. Seien Sie offen für das, was nach Ansicht ihrer Schüler wichtig für ihre Lernerfolge ist.

▶▶ Schlusswort

Fordern Sie die Schüler regelmäßig auf, Rückmeldungen zu geben. Folgende Fragen könnten dabei hilfreich sein:
1. Wie kann ich euch helfen, erfolgreich zu lernen?
2. Nennt zwei Dinge, die ich tue oder sage, die eurer Meinung nach gut sind: ...
3. Nennt zwei Dinge, die ich tue oder sage, von denen ihr meint, ich sollte sie besser sein lassen: ...

 **Schreiben Sie's auf!**

Es kann unter Umständen besser sein, den Schülern in Form von schriftlichen Notizen mitzuteilen, was sie tun sollen. So manch ein Schüler behält besser, was er schwarz auf weiß besitzt. Sie können diese Mitteilungen entweder im Unterricht an betreffende Schüler ausgeben oder per Email verschicken. Diese Bemerkungen sollten immer etwas Positives enthalten, das mit bestimmten Wünschen oder Fragen kombiniert wird. **Ein Beispiel:**

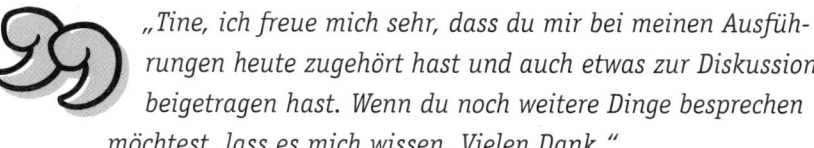

„Anton, ich freue mich sehr, dass du deine Hausarbeiten heute vollständig dabei hattest. Ich bin mir sicher, dass du recht stolz bist. Ich würde eine solche Einsatzbereitschaft gerne öfter bei dir sehen. Die Hausaufgaben für heute sind …
Sag mir bitte Bescheid, wenn du dabei Hilfe brauchst. Ich freue mich auf das Ergebnis."

Nach einer „Rückmeldungskonferenz" mit Ihren Schülern können Sie Anerkennungsmitteilungen verteilen. Diese recht kurzen und durchdachten Reaktionen können auf lange Sicht eine Veränderung des Verhaltens bewirken. Eine handschriftliche Notiz könnte Folgendes enthalten:

„Tine, ich freue mich sehr, dass du mir bei meinen Ausführungen heute zugehört hast und auch etwas zur Diskussion beigetragen hast. Wenn du noch weitere Dinge besprechen möchtest, lass es mich wissen. Vielen Dank."

Humor kann auch eine recht wirkungsvolle Strategie sein. Reichen Sie zum Beispiel folgende Checkliste in Verbindung mit den Hausaufgaben ein. Die humorvollen „Multiple Choice"-Bemerkungen lockern die Aufgabenstellung auf und machen dabei trotzdem die Erwartungen des Lehrers deutlich:

Kreuze mindestens eine Aussage an:
- ☐ Ich bin mir sicher, dass ich die Hausaufgaben rechtzeitig einreichen werde.
- ☐ Wenn ich nicht gerade im Lotto gewinne oder irgendetwas anderes Sensationelles passiert, werde ich morgen meine Hausaufgaben gemacht haben.
- ☐ Ich werde morgen die Hausaufgaben abgeben, es sei denn, mir fallen über Nacht die Arme ab.

☐ Ich habe mir vorgenommen, die Hausaufgaben nicht zu machen und meine Gehirnzellen dazu zu nutzen, mir eine glaubwürdige Ausrede einfallen zu lassen.

☐ Es ist völlig abwegig, dass ich die Hausaufgaben rechtzeitig einreiche, aber ich werde mich nicht herausreden und bin mit den Konsequenzen, die mein Verhalten nach sich zieht, einverstanden.

4. Machen Sie Komplimente

Es hat großen Einfluss auf die Motivation der Schüler, wenn man ihnen ehrliche Rückmeldungen gibt und auch auf ihre Stärken Bezug nimmt. Dabei ist es wichtig, dass diese Beurteilungen realistisch und nicht übertrieben positiv sind. Die Entwicklung eines gesunden Selbstbewusstseins wird stark von Erwachsenen geprägt, die klare und ehrliche Hilfestellungen geben, wenn Fehler gemacht werden. Schüler akzeptieren derartige Korrekturen eher, wenn ihnen bewusst ist, dass sie anerkannt und gefördert werden. Sie sollten also täglich einige positive Aspekte des Verhaltens oder der Leistung eines uninteressierten Schülers hervorheben.

▶▶ Schlusswort

Vervollständigen Sie die folgenden Sätze. Sie können Ihnen dabei helfen, ermutigend und unterstützend auf die Schüler einzuwirken, die selten Interesse zeigen.

Diese Aussagen geben eine gewisse Struktur vor und sollen Sie daran erinnern, dass Ermutigungen eine große Bedeutung haben.

1. Ich finde es sehr gut, wenn du ...
2. Manchmal ist allein der Gang zur Schule schon ziemlich schwer. Danke dafür, dass du ... und dafür, dass du überhaupt gekommen bist.
3. Es könnte dir helfen, wenn du ...
4. Obwohl es nicht dein Lieblingsfach ist, hast du ... ziemlich gut gemacht.

Eine andere Möglichkeit aufrichtige Anerkennung zu zeigen besteht darin, Schüler zu Hause anzurufen, wenn Sie sicher sein können, dass weder die Eltern noch der Schüler selbst anwesend sind. Sie können dann auf dem Anrufbeantworter eine lobende Mitteilung hinterlassen. Diese Variante nimmt wenig Zeit in Anspruch und der Schüler wird ihr Lob mit Sicherheit zur Kenntnis nehmen.

 # Die 2-minütige Begegnung

Diese Methode haben meine Kollegen und ich vielen Pädagogen über Jahre hinweg vermittelt und sie hat sich im Allgemeinen sehr bewährt. Sie können einen recht uninteressierten Schüler nach und nach motivieren, indem Sie an 10 aufeinander folgenden Tagen je 2 Minuten am Stück für den Aufbau einer persönlichen Beziehung investieren. Während dieser 2 Minuten unterhalten Sie sich mit dem betreffenden Schüler über irgendetwas, es ist ganz egal was. Vermeiden Sie aber, seine mangelnde Motivation zur Sprache zu bringen. So können Sie diesen Schüler besser kennen lernen und auch er wird Sie besser kennen lernen, ohne dass Ihre Erwartungen an ihn oder andere schulische Belange die Unterhaltung belasten. Zu Anfang muss man mit einer gewissen Ablehnung von Seiten des Schülers rechnen und auch Ihnen können diese Gespräche seltsam erscheinen. Daher sind 10 Tage eine gute Zeitspanne, so dass langsam, aber sicher eine Annäherung stattfindet. Gegen Ende dieser Zeit erkennt man oft schon eine positive Verhaltensänderung beim Schüler und meist fällt diesem die Mitarbeit im Unterricht dann auch nicht mehr so schwer.

▶▶ Schlusswort

Das größte Problem wird für viele von uns natürlich darin bestehen, ungestörte 2 Minuten für ein Schülergespräch zu finden. Da muss man sich schon etwas einfallen lassen. An manchen Tagen können Sie diese kleine Unterredung z.B. während des Unterrichts durchführen, wenn die anderen Schüler gerade Unterrichtsmaterialien untersuchen oder mit Gruppenarbeiten beschäftigt sind. Ein anderes Mal sprechen Sie den Schüler einfach auf dem Flur an oder Sie treffen ihn „ganz zufällig" in der Cafeteria.

Eine weniger aufwändige Version dieser „2-Minuten-Unterredungen" ist, Schüler, die nicht richtig mitarbeiten, gelegentlich, aber doch regelmäßig (einmal wöchentlich oder zumindest einmal im Monat) anzusprechen. Fragen Sie sie zum Beispiel:

„Wie sollte der Unterricht ablaufen, damit du leichter zurechtkommst?"

Daran sollte sich dann auch die Bitte an den Schüler anschließen, der von seiner Seite aus etwas Bestimmtes ändern könnte.

6. Gespräche beim Mittagessen

Sollten Sie an einer Ganztagsschule tätig sein, haben Sie die Möglichkeit, mit weniger motivierten Schülern gemeinsam zu Mittag zu essen. Dabei können Probleme recht zwanglos besprochen werden. Sie können dies sogar zur Gewohnheit werden lassen und alle Schüler daran beteiligen, so dass jeder von ihnen ab und an mit Ihnen sprechen kann. Diese Gespräche beim Essen bieten die beste Gelegenheit für effektive Rückmeldungen von Seiten der Schüler und des Lehrers.

7. Das 5-minütige Gruppentreffen

In großen Unternehmen gibt es spezielle Gruppentreffen, die vom Vorstand einberufen werden, bevor größere Projekte in die Wege geleitet werden. Diese Kleingruppen haben sich mit allen wichtigen Informationen auseinander gesetzt und geben kurze Rückmeldungen, mit denen das Unternehmen die richtigen Entscheidungen treffen kann. Dieses Prinzip lässt sich auch auf die Schule übertragen. Der Lehrer beruft regelmäßig spezielle Gruppentreffen ein, bei denen alles Wichtige besprochen werden kann: Was funktioniert gut, was könnte verbessert werden und welche Ideen haben die Schüler selbst für die Gestaltung des Unterrichts? Die Mitglieder jeder Gruppe fokussieren also in diesen Kurzgesprächen die Belange, die für sie am wichtigsten sind. Damit auch jeder zu Wort kommt, sollten diese Treffen zweimal wöchentlich stattfinden und die Gruppe sollte aus nicht mehr als fünf Schülern bestehen. Ausserdem sollten die Gruppenmitglieder im Laufe der Zeit wechseln, damit jeder die Möglichkeit hat, über die Dinge zu sprechen, die ihm am Herzen liegen.

Ein Lehrer, der Gruppentreffen zum Thema „Motivation" einberuft, teilt die Schüler am besten nach drei Kategorien ein (sehr motiviert, mittelmäßig motiviert, kaum motiviert). Je nach Gesprächsziel können Mitglieder aus allen drei Kategorien zum Gespräch zusammenkommen oder es werden nur die Mitglieder einer Kategorie befragt. Wenn die Motivationsschwierigkeiten zum Beispiel hauptsächlich auf Konflikte in der Klasse zurückzuführen sind, sind gemischte Gruppen ratsam. Falls es aber um spezielle Probleme der eher unmotivierten Schüler geht, sollten diese Dinge besser in der jeweiligen Kategorie gelöst werden. Mit Hilfe der Gruppentreffen können persönliche Beziehungen aufgebaut und der gegenseitige Respekt verstärkt werden.

8. Bitte recht freundlich

Lenny Bolinger, Grundschullehrer in Dallas (Texas), lässt seine Schüler auf Karteikarten kleine Bilder oder Sprüche zum Thema Freundlichkeit malen oder schreiben. Jede Karte repräsentiert einen Waggon eines Zuges. So kann ein Schüler jedes Mal, wenn er bemerkt, dass sich ein Mitschüler besonders freundlich zeigt, dieses „Ereignis" auf einer Karte festhalten und an den Zug anhängen. Das Ziel des Lehrers besteht also darin, Freundlichkeit im ganzen Klassenraum zu verbreiten, verdeutlicht durch den für alle sichtbaren und immer länger werdenden Zug. Lehrer von älteren Schülern können dieses Prinzip übertragen, indem sie die Schüler dazu ermutigen sich gegenseitig zu loben und ihre Stärken anzuerkennen.

9. So hab ich mal ausgesehen

Ted Collins, der in der siebten Klasse einer Schule in Baltimore (Maryland) unterrichtet, hat es sich zur Gewohnheit gemacht, Fotos von sich mit in den Unterricht zu bringen, auf denen er genauso alt ist wie seine Schüler. Diese Bilder hängt er im Klassenraum auf. Wenn ihn seine Schüler fragen, wer die Person auf den Bildern ist, klärt er sie darüber auf. Sie sind dann jedes Mal recht erstaunt und neugierig, genauso wie beim zufälligen Aufeinandertreffen mit einem Lehrer an der Gemüse-theke im Supermarkt. Sie sehen den Lehrer dann plötzlich als Person, als ganz normalen Menschen, der natürlich auch mal in ihrem Alter gewesen ist.

10. Erzählen Sie aus Ihrer Jugend

Schüler sind meistens recht neugierig und wollen daher möglichst viel über Ihre Jugend und auch über Ihr jetziges Leben in Erfahrung bringen. Wenn Sie bemerken, dass Ihre Schüler mit irgend etwas Schwierigkeiten haben, erzählen Sie Ihnen, dass Sie Ähnliches in Ihrer Jugend durchgemacht haben. Heranwachsende versuchen herauszufinden, wo ihr Platz im Leben ist und wie sie sich selbst definieren können. Wenn sich ein Erwachsener Zeit nimmt und ihnen erzählt, wie er mit ähnlichen Schwierigkeiten konfrontiert wurde und diese meistern konnte, sind viele Schüler oft sehr dankbar.

▶▶ Schlusswort

Sie können auch kleine Anekdoten aus Ihrer Schulzeit erzählen und die Fächer erwähnen, in denen Sie nicht so gut zurechtgekommen sind oder deren Zweck Sie zu dieser Zeit noch nicht ersehen konnten. Sehr wirksam ist auch, den Schülern darzulegen, wie der eine oder andere Lernstoff Ihnen irgendwann doch von Nutzen war, obwohl Sie in der Schulzeit immer dachten, dass Sie dieses Wissen nie wieder gebrauchen könnten.

Pam Shelter, Lehrerin in einer fünften Klasse in San Bernardino (Kalifornien), hat immer eine recht interessante Antwort parat, wenn ihre Schüler fragen, wann das Gelernte jemals nützlich werden könnte.

Sie sagt:

> *„Schreib mir alles auf, was du in deinem zukünftigen Leben tun wirst. Gib mir diese Liste und ich werde dir zeigen, wo du es brauchen wirst."*

Normalerweise entgegnen ihre Schüler dann, dass sie ja wohl kaum wissen könnten, was sie noch alles in ihrem Leben tun werden. Darauf antwortet sie:

> *„Das ist es ja gerade. Es könnte sein, dass du später, zum Beispiel in deinem Berufsleben, Dinge tun wirst, von denen du jetzt noch nichts weißt, und bei denen genau diese gerade gelernten Fähigkeiten und Informationen wichtig sind."*

Wie schon zu Anfang des Buches erwähnt, ist es wichtig die Relevanz des Lernstoffs durch die Anwendbarkeit im alltäglichen Lebens des Lernenden hervorzuheben, auch wenn das nicht immer (so einfach) möglich ist.

 Fragen zum Nachdenken

1. **Wenn Sie jemanden besuchen, welche Dinge führen dazu, dass Sie sich wohl fühlen? Wie könnten Sie diese auf Ihren Unterricht übertragen und so den Schülern ein positives Gefühl vermitteln?**
2. **Auf welche Art und Weise können andere Sie ermutigen, wenn Sie sich unsicher fühlen? Was tun oder sagen diese Personen?**
3. **Was könnte sonst noch getan werden, um ein angenehmes Lernklima zu schaffen?**

BEGEISTERUNG ZEIGEN UND WECKEN

Der Philosoph und Pädagoge Leo Stein hat einmal gesagt:
„Die beste Lernmethode ist wie eine Infektionskrankheit.
Sie schlägt an und breitet sich aus."

Man hat herausgefunden, dass unsere Erwartungen an den Lernerfolg der Schüler einen großen Einfluss darauf haben, wie viel diese letztlich leisten können. Mit einfachen Worten: Gute Leistungen werden eher vollbracht, wenn man diese auch erwartet.

Genauso kann man durch Optimismus und Begeisterung einen starken positiven Einfluss auf das Verhalten anderer nehmen. Menschen kommen gerne mit Personen zusammen, die lebendig und enthusiastisch an ihre Arbeit herangehen. Ob wir in der Kirche eher einschlafen oder gespannt zuhören, hängt von der Art und Weise ab, wie die Predigt gestaltet wird. Die meisten von uns sind gerne von Menschen umgeben, die uns mit Wärme und Enthusiasmus begegnen. Wir erfreuen uns an Musikern, die nicht nur spielen, was wir hören wollen, sondern auch noch mit viel Begeisterung zu unterhalten wissen. Unser Denken und Handeln wird eher durch Personen beeinflusst, die selbstbewusst auftreten und ihre

Ansichten mit Fakten untermauern können. Kurz gesagt: Die Art und Weise, wie ein Lehrer sein Fach präsentiert, beeinflusst in hohem Maße die Motivation unserer Schüler beim Lernen.

 **Zeigen Sie den Schülern, wie gern Sie ihr Lehrer sind**

Diese Einstellung muss jeden Tag von neuem offensichtlich werden. Lassen Sie die Schüler wissen, wie wichtig sie Ihnen sind und wie gerne Sie Ihr Fach unterrichten. Es gibt viele Möglichkeiten, dies deutlich zu machen – einige der Ideen aus Kapitel 4 „Vertrauen und Akzeptanz aufbauen", kommen auch hier zur Geltung. Machen Sie es sich zur Gewohnheit, die Erfolge der Schüler im Unterricht anzusprechen und zu honorieren. Man weiß zum Beispiel, dass das Lernen angeregt wird, wenn die wichtigsten Ergebnisse der Stunde am Ende noch mal zusammengefasst werden. Dabei können Sie auch auf gute Leistungen zu sprechen kommen. Formulieren Sie Ihr Lob wie folgt:

* *„Ich war wirklich beeindruckt, als ihr heute ..."*
* *„Das war ein ziemliches schwieriges Thema heute und ich finde sehr gut, dass ..."*
* *„Es gibt nicht viele Lehrer, die eine Klasse unterrichten dürfen, die ..."*
* *„Wow, ich finde wir haben heute ziemlich viele Fortschritte gemacht. Besonders ... haben heute sehr gut mitgearbeitet."*

Fragen zum Nachdenken:

* **Welche positiv denkenden Menschen kennen Sie?**
* **Wie äußert sich ihr Optimismus? Welche Worte und Formulierungen verwenden sie?**
* **Wie drückt sich ihre positive Einstellung in ihrer Gestik und Mimik aus?**

Erstellen Sie eine Liste mit diesen verbalen und non-verbalen Kommunikationsmerkmalen und versuchen Sie diese auch vermehrt in Ihrem Unterricht einzusetzen, um Ihre Schüler zu motivieren.

2. Geben Sie die Liebe zu Ihrem Fach weiter

Carolyn Sanders, eine Lehrerin in Rochester (New York), meinte einmal in einem meiner Seminare: „Ich dachte zu Anfang, dass es ausreicht, Kinder zu mögen, um den Lehrerberuf jahrzehntelang ausüben zu können. Ich musste erkennen, dass es ziemlich schwer ist, den Schülern auch dann weiterhin positiv gegenüberzutreten, wenn sie einem häufig mit Aggression oder Desinteresse begegnen."

In der Schule geht es hauptsächlich um Leistung. Und Leistung bedeutet auch Anstrengung. Eine positive Beziehung zu den Schülern bestärkt zwar deren Motivation, sie kann aber ihr Interesse am Fach und am Unterrichtsstoff nicht dauerhaft wach halten. Die Liebe des Lehrers zum eigenen Fach ist daher eine genauso wichtige Voraussetzung wie die Liebe zu den Schülern. Das Unterrichten mit Freude und Leidenschaft hilft das Interesse der Schüler zu wecken. Der Lehrer ist dabei zugleich „Botschafter" für sein Fach und Vorbild. Schüler werden zum Lernen angeregt, wenn man die Vermittlung des Wissens lebendig, spannend und faszinierend gestaltet.

3. Seien Sie selbst ein lebenslanger Lerner

Schüler merken schnell, wenn Lehrer denselben Stoff schon seit Jahren immer gleich präsentieren. Die Materialien und Methoden sind dann auch meist recht eintönig und wenig praxisnah. Da das Lernen ein immerwährender Prozess ist, sollten Sie Ihren Schülern zeigen, dass auch Sie immer weiterlernen und immer noch nicht am Ende angekommen sind. Auch Lehrer haben die Weisheit nicht mit Löffeln zu sich genommen, auch wenn einige ihre Schüler das gerne glauben lassen wollen. Deshalb der Rat: Wenn Sie die Antwort auf eine Schülerfrage nicht wissen, setzen Sie sich mit dem Inhalt der Fragestellung so gut es geht auseinander und vertagen Sie die Beantwortung, bis Sie sich schlau gemacht haben. Versuchen Sie nicht Ihre Unwissenheit irgendwie zu überspielen. Schüler merken ganz genau, ob Sie von etwas überzeugt sind oder nur vorgeben es zu sein.

Bleiben Sie selbst neugierig auf Neues und geben Sie diese Neugierde auch an Ihre Schüler weiter. Man zeigt sich auch als lebenslanger Lerner, indem man Lerninhalte auf verschiedene Weise präsentiert und dabei selbst immer neue Aspekte an einem Fach entdeckt und weitergibt. So erhalten Sie sich selbst Ihre Neugierde und stellen sich selbst vor immer neue Herausforderungen beim Erforschen des Faches.

▶▶ Schlusswort

Lernen Sie etwas, das gar nichts mit Ihrem Unterrichtsfach zu tun hat. So setzen Sie sich bewusst der Unsicherheit, Ungewissheit und Aufregung aus, die man beim Lernen von etwas ganz Neuem erfährt. Schüler befinden sich jeden Tag in dieser Situation.

 4. Zeigen Sie Humor

Greifen Sie auf Rätsel, Witze und Anekdoten zurück und bringen Sie eine gute Portion Humor in Ihren Unterricht. Schüler gehen gerne in die Schule, wenn sie dort auch aus sich herausgehen und auch mal lachen können. Manche Lehrer sind geborene Komiker, andere eher nicht. Die letzteren werfen vielleicht mal einen Blick in Bücher oder Comics, die die Schüler gerne lesen, um sich ein bisschen vorzubereiten.

BEGEISTERUNG ZEIGEN UND WECKEN

5. Setzen Sie auf Unterrichtseinstiege

Es ist vollkommen unmöglich den Unterricht über den ganzen Schultag hinweg aufregend und spannend zu gestalten. Wichtig ist aber, dass der Einstieg in eine Unterrichtseinheit gelingt und dort das Schülerinteresse geweckt wird, da damit die Grundlagen für die weiteren Ausführungen gelegt werden. Die Schüler müssen zunächst für ein Thema begeistert und „angelockt" werden. Einen motivierenden Einstieg kann zum Beispiel ein Aufwärmspiel oder ein kleines Rätsel, das etwas mit dem Inhalt der Stunde zu tun hat, bilden. Sie können auch eine kleine Anekdoten, oder Geschichte erzählen, in der Sie das Thema der Unterrichtseinheit einbinden und es etwas „verrätseln". Auch am Ende der Einheit sollte etwas folgen, das die Schüler mit Spannung die nächste Stunde erwarten lässt.

▶▶ Schlusswort

Lehrer bekommen meist die besten Anregungen zur Gestaltung ihres Unterrichts von den Schülern selbst. Bitten Sie die Schüler Ihnen zu erzählen oder aufzuschreiben, was sie interessant und spannend finden und mit welchen Unterrichtsmethoden und Sozialformen sie am besten zurechtkommen. Die Antworten der Schüler können Ihnen wertvolle Hinweise für die Vorbereitung Ihres Unterricht liefern.

© Verlag an der Ruhr | Postfach 10 22 51 | 45422 Mülheim an der Ruhr
www.verlagruhr.de

6. Abwechslung

Untersuchungen zu Unterrichtsmethoden und Lerntypen machen deutlich, dass es kein Ideal gibt, nach dem sich alle Schüler richten können. Einige lernen am besten beim Zuhören, andere beim Zuschauen, andere wiederum in dem sie etwas selbst tun. Es gibt auch Schüler, die beim Lernen verschiedene Lerntechniken kombinieren. Ihr Unterricht sollte die individuellen Lernvorlieben Ihrer Schüler berücksichtigen und auf sie eingehen. So erreichen Sie alle Schüler und stellen sicher, dass jeder nach seiner Fasson etwas lernt.

7. Seien Sie das, was Sie unterrichten

Lehrer sind mitunter auch Schauspieler. Gelegentlich können Sie diesen Umstand im Unterricht bewusst nutzen, um z.B. die Position einer historischen Persönlichkeit oder eines fiktionalen Charakters zu vertreten. Vermitteln Sie einfach Ihren Schülern den Lernstoff aus der Perspektive der jeweiligen Person heraus. Um das Bild vollkommen zu machen, können Sie eventuell sogar im Kostüm auftreten.

8. Musik im Unterricht

Musik wirkt entspannend oder anregend und kann unter diesen beiden Aspekten auch im Unterricht eingesetzt werden. Man kann ruhige Musik leise im Hintergrund spielen lassen, wenn die Schüler in Gruppen oder alleine arbeiten. Bei einem lebendigen Mitmach-Song zum Abschluss einer Stunde oder einer Aktivität können die Schüler sich etwas austoben und wieder für die nächste Stunde sammeln. Je nach Thema können Sie auch während des gesamten Unterrichts Musik begleitend laufen lassen. Auch im Geschichts- oder Deutschunterricht kann zeitgenössische Musik als Bezug zu einer bestimmten Epoche eingesetzt werden.

9. Anschauungsobjekte aus der Natur

Schüler finden Naturphänomene im Allgemeinen sehr interessant. Vulkanausbrüche, Gletscherbewegungen und ähnliche Phänomene kennen alle aus den Medien und Kinder und Jugendliche fasziniert besonders die Kraft, die sich darin äußert. Im Unterricht können Sie derartige Beispiele aufgreifen, um naturwissenschaftliche Inhalte zu vermitteln. Selbstverständlich sollten diese Phänomene aber nicht nur Mittel zum Zweck sein. Schüler müssen auch ihre Ursachen kennen und den Einfluss, den Menschen auf die Natur nehmen, begreifen.

10. Nahrungsmittel als Anschauungsobjekte

Das Thema Nahrungsmittel kann unterschiedlich in den Unterricht eingebunden werden: Alte Rezepte und Speisen können helfen, frühere Lebensumstände oder die Lebensweisen fremder Völker zu verdeutlichen. In einer Unterrichtsreihe über das Mittelalter könnten die Schüler z.B. Rezepte aus dieser Zeit sammeln und gemeinsam nachkochen.

© Verlag an der Ruhr | Postfach 10 22 51 | 45422 Mülheim an der Ruhr
www.verlagruhr.de

Eine mittelalterliche Festtafel könnte den feierlichen Abschluss einer solchen Unterrichtsreihe bilden.

Sie können abgepackte Lebensmittel auch im Fach Mathematik zur Veranschaulichung von Maßeinheiten oder zur Volumenberechnung nutzen oder mit ihnen bestimmte Phänomene aus dem Bereich Chemie veranschaulichen.

 ## 11. Sport als Thema

Sport und Sportstars haben einen besonderen Stellenwert im Leben der meisten Jugendlichen. Dieses Thema und das damit verbundene Interesse lassen sich auch auf den Unterricht übertragen, z.B. auf den Mathematikunterricht. Der Sportkontext bietet zahlreiche Anknüpfungspunkte für Sachaufgaben. Auch  die Prozentrechnung lässt sich mit Sport in Verbindung bringen, beispielsweise mit Wettkampfergebnissen.

Im Deutschunterricht lässt sich der Stil der Sportreportagen untersuchen, zudem bringen Sie die Schüler so zum Zeitunglesen. Auch Hausaufgaben können sinnvoll mit der Sportschau am Wochenende verknüpft werden: Die Schüler können z.B. ein Fußballspiel im Fernsehen anschauen und anschließend einen Artikel verfassen oder mit einem Kommentar Stellung zu einem Sport-Thema beziehen.

Die öffentlichen Auftritte und Fehltritte vieler Sportstars bieten dazu sicherlich viele Anknüpfungspunkte.

12. Projekt-Tage in der Schule

Durch das Umstellen der Möbel gewinnt ein Zimmer oftmals eine ganz neue Atmosphäre. Und genauso kann auch ein Projekttag den Schülern dabei helfen, neuen Elan zu schöpfen und wieder mit Energie in den Unterricht zu gehen.

Möglichkeiten gibt es viele, z. B. den **Literaturtag:** Der ganze Tag steht unter dem Motto „lesen und gelesen werden". Die Schüler verfassen Gedichte, eigene Geschichten etc. und lesen gemeinsam, in Gruppen oder alleine Bücher und natürlich auch das Selbstgeschriebene.

Fragen zum Nachdenken

1. Welche Themen unterrichten Sie besonders gerne in Ihren Fächern?

2. Der Spaß am Unterrichten wird belebt, wenn man zwischendurch im Unterricht Aktivitäten durchführt, die einem selbst viel Spaß machen, auch wenn sie vielleicht gar nicht viel zur Leistung beitragen. Was würden Sie gerne mal im Unterricht ausprobieren? Was könnte dabei Ihrer Meinung nach schief gehen?

3. Sie sollten in jeder Stunde mindestens eine kleine Aktivität einbauen, an der Sie selbst Spaß haben, so dass Sie Ihre Freude am Unterrichten beibehalten. Wenigstens einmal die Woche sollte ein Teil einer Unterrichtsstunde die Sinne anregen (Essen, Musik oder Theaterspielen).

4. Welche anerkennenden Gesten, die Ihnen gut tun und sie motivieren, schätzen Sie von Seiten Ihrer Kollegen, der Eltern oder Schüler? Erhalten diese Menschen dasselbe auch von Ihnen?

© Verlag an der Ruhr | Postfach 10 22 51 | 45422 Mülheim an der Ruhr
www.verlagruhr.de

NACHTRAG

Lehrer sollten sich besonders mit den Schülern auseinander setzen, die entmutigt sind und das Lernen sowie sich selbst aufgeben. Ich hoffe, dass die Ideen in diesem Buch Ihnen dabei helfen, es diesen Schülern so schwer wie möglich zu machen, das Handtuch zu werfen. Wir müssen uns im Schulalltag mit so vielen Problemen befassen, die uns und den Schülern das Leben schwer machen: uninteressierte Eltern, Gewalt, Drogen und Alkohol und der Druck, den die Jugendlichen gegenseitig auf sich ausüben. Es ist eine fortwährende Herausforderung den Lerner in uns selbst wiederzufinden und so die Motivation der Schüler zu erhalten.

Die Schüler sind auf unsere Unterstützung angewiesen. Sie brauchen Anleitung, wenn Sie Fehler machen und unsere Hilfe bei der Selbstfindung. Sie brauchen jemanden, der an sie glaubt, wenn sie es selbst schon nicht mehr tun. Wir sollten uns täglich daran erinnern, welchen Einfluss wir auf das Leben der Schüler nehmen. Wir haben als Pädagogen die Aufgabe, ihnen zu zeigen, welche Möglichkeiten in ihnen stecken und welche Möglichkeiten das Leben für sie bereit hält.

LITERATURTIPPS

Abernathy, Rob; Reardon, Mark:
Interesse wach halten. So geht das! Mülheim 2003,
Verlag an der Ruhr, ISBN 3-86072-778-8

Armstrong, Thomas:
Ich bin Seele, Geist und Körper. Entwicklungskraft und Potential
ihres Kindes. Essen 1998, Synthesis, ISBN 3-922026-99-0

Arnold, Ellen:
Jetzt versteh' ich das! Bessere Lernerfolge durch Förderung der
verschiedenen Lerntypen. Mülheim 2000, Verlag an der Ruhr,
ISBN 3-86072-587-4

Csikszentmihalyi, Mihalyi:
Flow. Das Geheimnis des Glücks. Stuttgart 2002, Klett Cotta,
ISBN 3-608-95783-9

Csikszentmihalyi, Mihalyi:
**Kreativität. Wie Sie das Unmögliche schaffen und ihre Grenzen
überwinden.** Stuttgart 2001, Klett Cotta, ISBN 3-608-91774-8

Eccles, John C.:
**Die Evolution des Gehirns – die Erschaffung
des Selbst.** München 2002, Piper, ISBN 3-492-23709-6

Edgar, John; Walcroft, Erin:
Hilfe, ich hab' einen Einstein in meiner Klasse. Wie organisiere
ich Begabtenförderung? Mülheim 2002, Verlag an der Ruhr,
ISBN 3-86072-735-4

Gardner, Howard:
Intelligenzen. Die Vielfalt des menschlichen Geistes.
Stuttgart 2002, Klett Cotta, ISBN 3-608-94263-7

© Verlag an der Ruhr | Postfach 10 22 51 | 45422 Mülheim an der Ruhr
www.verlagruhr.de

LITERATURTIPPS

Gardner, Howard:
Kreative Intelligenz. Was wir mit Mozart, Freud, Woolf und Gandhi gemeinsam haben. München 2002, Piper, ISBN 3-492-23415-1

Gardner, Howard:
Abschied vom IQ. Die Rahmen-Theorie der vielfachen Intelligenzen. Stuttgart 2001, Klett Cotta, ISBN 3-608-93158-9

Gardner, Howard:
Der ungeschulte Kopf. Wie Kinder denken. Stuttgart 2001, Klett Cotta, ISBN 3-608-95889-4

Klein, Kerstin:
So erklär' ich das! 60 Methoden für produktive Arbeit in der Klasse. Mülheim 2002, Verlag an der Ruhr, ISBN: 3-86072-733-8

Langer, Ellen:
Kleine Anleitung zum Klugsein. Sieben Kapitel über sinnvolles Lernen. Stuttgart 1999, Klett Cotta, ISBN 3-608-91996

Langer, Ellen:
Kluges Lernen. Sieben Kapitel über kreatives Denken und Handeln. Hamburg 2001, Rowohlt Tb., ISBN 3-499-61121

Morgenthau, Lena:
Das hast du gut gemacht! Urkunden und Mutmacher für jede Gelegenheit. Mülheim 2002, Verlag an der Ruhr, ISBN 3-86072-704-4